TROTZPHASE=

Wachstumsphase

Wie du dein Kleinkind mit Liebe und Konsequenz durch die Trotzphase begleitest.

Für eine tiefe Eltern-Kind-Beziehung.

Der Erziehungsratgeber aus Sicht einer Tagesmutter

von

Sabine Lüders

Eure Kinder

Eure Kinder sind nicht eure Kinder.
Sie sind die Söhne und die Töchter der Sehnsucht des Lebens nach sich sel-
ber.
Sie kommen durch euch, aber nicht von euch,
und obwohl sie mit euch sind, gehören sie euch doch nicht.
Ihr dürft ihnen eure Liebe geben, aber nicht eure Gedanken,
denn sie haben ihre eigenen Gedanken.
Ihr dürft ihren Körpern ein Haus geben, aber nicht ihren Seelen,
denn ihre Seelen wohnen im Haus von morgen, das ihr nicht besuchen
könnt,
nicht einmal in euren Träumen.
Ihr dürft euch bemühen, wie sie zu sein, aber versucht nicht, sie euch ähn-
lich zu machen.
Denn das Leben läuft nicht rückwärts noch verweilt es im Gestern.
Ihr seid die Bogen, von denen eure Kinder als lebende Pfeile ausgeschickt
werden.
Der Schütze sieht das Ziel auf dem Pfad der Unendlichkeit,
und er spannt euch mit seiner Macht,
damit seine Pfeile schnell und weit fliegen.
Laßt eure Bogen von der Hand des Schützen auf Freude gerichtet sein;
denn so wie er den Pfeil liebt, der fliegt, so liebt er auch den Bogen, der fest
ist.

Khalil Gibran
(* 06.01.1883, † 10.04.1931)

Inhalt

Vorwort..7

Selbstreflexion 10

Einleitung..14

   Vom Es zum Ich 16

     Ursachen für die Trotzphase 18

     Lernen ist ein Grundbedürfnis 19

Metamorphose in Kürze 21

Trotz, was ist das? 22

     Was bedeutet Trotzen überhaupt?.............................23

Metamorphose in Kürze 26

Motorische und kognitive Reifung 27

Charakter & Prägung 29

   Gewalt erleben & interpretieren 30

   Wut als Störfaktor im Familienleben 34

Metamorphose in Kürze 37

Eltern-Kind-Beziehung 39

   Das Kind 43

     .... entwickelt sein Einfühlungsvermögen...................43

     ... erkennt Konflikte...45

   Die Eltern...45

     Mit Lernen am Modell Grenzen akzeptieren lernen 47

Werte, Glaubenssätze und dein persönliches Selbstbild prägen die Erziehung...49

Alltagsstress 54

Wie wichtig ist die Kommunikation in der Erziehung?..................58

Peinlichkeiten 63

Metamorphose in Kürze...73

Gelegenheiten für Trotzanfälle 76

Regelmäßige, schwierige Situationen.....................................77

Morgens / Die Zeit ist knapp 78

Essen...84

Aufräumen...92

Schlafen...99

Geschwister 103

Metamorphose in Kürze...108

Konflikte meistern...110

Streiten...114

Beißen, Kratzen, Hauen 119

Metamorphose in Kürze...127

Lösungsstrategien 129

Regeln, Strukturen, Grenzen 129

Mögliche Auswirkungen bei inkonsequentem Handeln.............134

Kommunikation..138

Vertrauen aufbauen...140

Gefühle spiegeln 144

Wolf- vs. Giraffensprache: die Kunst der Ich-Botschaften 148

Die Kunst Nein zu sagen 151

Gib deinem Kind Zeit 155

Metamorphose in Kürze 158

10 Tipps, um die Trotzphase gemeinsam als Wachstumsphase zu empfinden 163

Jetzt kommst Du! 166

30 Tage Challenge 168

Ziele definieren 169

Ziele erreichen 171

Die Macht der Gefühle 173

Wenn Du nicht weiterkommst 175

Danksagung 176

Über den Autor 177

Deine Meinung ist mir wichtig 178

Haftungsausschluss 179

Vorwort

Alle Eltern kennen sie, und jeder fürchtet sich ein wenig davor: Die Trotzphase!

Gestern war der kleine Liebling noch goldig, fröhlich und zuckersüß; doch auf einmal reagiert er völlig unvorhersehbar, schreit, tobt und ruft die uneingeschränkte Anarchie aus. Nicht selten arten diese Wut-Attacken so aus, dass sich das Kind fast bis zur Ohnmacht auspowert.

Schnell entwickelt sich ein Machtkampf. Wer hat das Sagen? Wer kann sich durchsetzen?

Du denkst vielleicht: „Aber das war doch gar nicht das, was ich wollte! Ich wollte mein Kind in Harmonie erziehen, mit Liebe und Respekt. Auf einmal geht es nur noch darum, nicht die Beherrschung zu verlieren."

Als Mutter fühlte ich mich häufig überfordert, und wusste nicht, wie ich reagieren sollte. Was genau hatte ich jetzt falsch gemacht? Und wie mache ich es richtig? Warum ist mein Kind so, wie es ist? Wann geht das vorbei?

Als Tagesmutter, als ich allein 5 Babys und Kleinkinder versorgt und betreut habe, habe ich verstanden, was genau diese *Gruselphase* in der Entwicklung bedeutet; und ich sage heute voller Überzeugung: „Die Trotzphase wird völlig missverstanden!"

Sie ist eine tolle Zeit, in der sich das Kind von einem reinen Seinswesen zu einer Persönlichkeit entwickelt. Und wenn du sie richtig nutzt, kannst du nicht nur die Beziehung zu deinem Kind so sehr vertiefen, dass ihr zu einem echten Team werdet, welches sich aufeinander verlassen kann. Du kannst schlichtweg beobachten, wie sich aus deinem kleinen Baby ein denkender, fühlender und ausdrucksstarker Mensch entwickelt; fast so, wie aus einer Raupe ein Schmetterling wird.

Um dir diese Metamorphose zu verdeutlichen, und um dich bei der Entwicklung eurer Eltern-Kind-Beziehung zu begleiten, habe ich dieses Buch in verschiedene Bereiche unterteilt:

Zunächst gebe ich dir die Gelegenheit, deine Beziehung zu deinem Kind und deine momentanen Gefühle zu reflektieren. Wo stehst du gerade und was wünscht du dir?

Danach beschreibe ich dir, welche Rolle die Autonomiephase (Trotzphase) innerhalb der spannenden Entwicklung deines Kindes spielt und wie sich eure Eltern-Kind-Beziehung zusammensetzt, bevor ich dir erkläre, wie du in den häufigsten Stress-Situationen reagieren kannst, und souverän Konflikte meisterst.

Zum Abschluss erläutere ich dir totsichere Strategien, die du bei der Erziehung beachten solltest. Diese Verhaltensregeln sind nicht nur bei Kleinkindern unverzichtbar. Sie dienen dir während der ganzen Erziehung deines Kindes.

Du weißt es wahrscheinlich bereits, aber ich möchte es dir trotzdem an dieser Stelle sagen: Wir Eltern haben es in der Hand, wie unsere Kinder diese spannende Zeit erleben, und was sie daraus lernen.

Mit der 30-Tage-Challenge kannst du deine Ziele definieren und deine Fortschritte dokumentieren, so dass du deine eigene Veränderung nachverfolgen kannst. Gemeinsam mit dem Workbook zum Buch kannst du so beobachten, wie du dich zu der Mutter / dem Vater entwickelst, die / der du sein möchtest.

ICH WÜNSCHE DIR VIEL SPAß BEI DER VERMEHRUNG DEINER ERKENNTNISSE.

Selbstreflexion

Manche Dinge werden klarer, wenn wir sie wirklich vor Augen haben. Beantworte die folgenden 9 Fragen mit Ruhe und Offenheit. Es geht dabei nicht um richtig oder falsch, sondern darum, dass du dir selbst darüber klar wirst, wo ihr aktuell steht, was du erreichen möchtest und in welcher Entwicklungsphase sich dein Kind im Moment befindet. Bei jeder Frage schätzt du dich selbst auf einer Skala von 1 (trifft gar nicht auf mich zu) bis 10 (ja, das trifft genau auf mich zu) ein.

FRAGE 1

Wie stark ist dein Gefühl, dass du dich nur noch mit deinem Kind streitest?

| 1 | 2 | 3 | 4 | 5 | 6 | 7 | 8 | 9 | 10 |

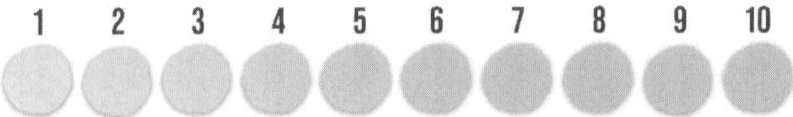

FRAGE 2

Fühlst du dich häufig missverstanden und allein?

| 1 | 2 | 3 | 4 | 5 | 6 | 7 | 8 | 9 | 10 |

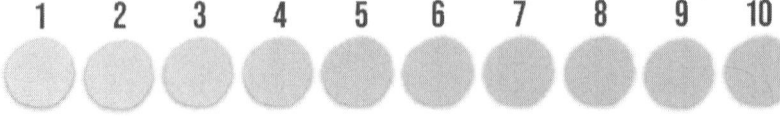

FRAGE 3

*Wie oft hast du das Gefühl, falsch auf den Trotzanfall deines
Kindes zu reagieren?*

1   2   3   4   5   6   7   8   9   10

FRAGE 4

Hast du manchmal das Gefühl, dein Kind einfach nicht zu verstehen?

1   2   3   4   5   6   7   8   9   10

FRAGE 5

Sind dir die Trotzanfälle deines Kindes in der Öffentlichkeit peinlich?

1   2   3   4   5   6   7   8   9   10

FRAGE 6

*Bist du dir mit deinem Partner über die Erziehung eures Kindes einig, und re-
agiert ihr in einer schwierigen Situation ähnlich?*

1   2   3   4   5   6   7   8   9   10

FRAGE 7

Weißt du, wo du dir Rat holen kannst, wenn du nicht weiterweißt?

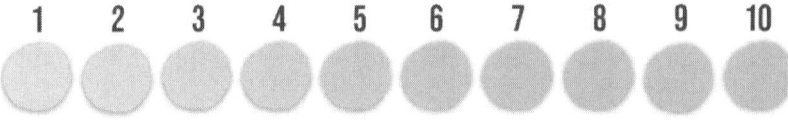

FRAGE 8

Kannst du dir bei der Betreuung Unterstützung holen, wenn du sie brauchst?

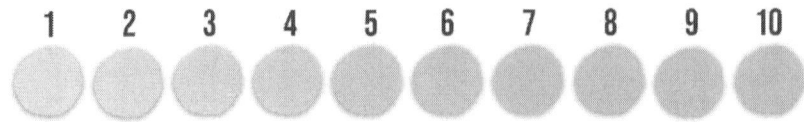

FRAGE 9

Wie sehr wünschst du dir, im Streit mit deinem Kind besser und sicherer zu reagieren?

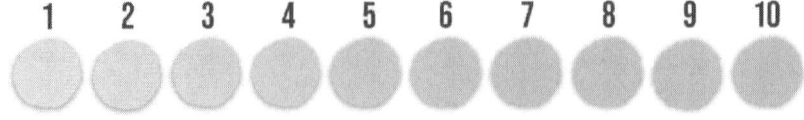

Indem du dir diese Fragen beantwortest, erhältst du einen guten Überblick, welche Einstellung du aktuell gegenüber dir selbst und deiner Situation hast. Es geht nicht darum, zu bewerten, sondern nur darum, für dich persönlich einen Ausgangspunkt zu ermitteln. Wenn du zwischendurch diese Fragen erneut beantwortest, wirst du deine eigene

Entwicklung beobachten können. Du wirst sehen, wie sich deine Sichtweise gegenüber Situationen und Reaktionen verändert, und wie du
aktiv die Beziehung zwischen dir und deinem Kind auf deine eigene
Weise gestaltest.

Du kannst dir auch den Selbsttest von meiner Website herunterladen
und ausdrucken (https://www.sabine-lueders.de/trotzphase). So
kannst du ihn jederzeit wiederholen, wenn du mehr Klarheit über eure
Eltern-Kind-Beziehung haben möchtest.

Einleitung

In Sigmund Freuds Theorie findet man eine schöne Erklärung für den Trotz und dafür, wie er entwicklungsbedingt steuerbar werden kann[1]. Freud unterscheidet 3 zentrale Instanzen der Persönlichkeit. Diese bestimmen die Erlebens- und Verhaltensweisen eines Menschen:

(Bensel:, 2012)2

ES: Der Mensch wird nur mit dem Es geboren. Das Es ist die Instanz der Wünsche, Bedürfnisse und Triebe. Das Es hat immer ein bestimmtes Ziel vor Augen, das es erreichen möchte. Es wird auch als Lustprinzip bezeichnet.

ÜBER-ICH: Das Über-Ich kommt von außen. Es handelt sich dabei um die Wert- und Normvorstellungen, die in einer Gesellschaft vorherrschen. Das Über-Ich wird deswegen als Moralitätsprinzip beschrieben. Drängt nun das Es auf die Erfüllung seiner Wünsche und Bedürfnisse, stößt dabei aber auf Normen, Regeln usw., die es an der Durchsetzung hindern, so wird dies als Erfahrung abgespeichert. Auf diese Weise entsteht das Über-Ich. Das Über-Ich ist also eine Ansammlung von spürbar gewordenen Regeln, Ordnungen und Vorschriften der Gesellschaft.

ICH: Die Wünsche und Bedürfnisse des Es werden über das Über-Ich ausgedrückt. Das Es prüft anhand der bisherigen Erfahrungen die Durchführbarkeit und gibt dem Ich die Anweisung, ob das entsprechende Bedürfnis zugelassen wird oder nicht. Das Ich vermittelt also zwischen dem Es und dem Über-Ich und überprüft die Realität. Durch die Reaktionen, Erwartungen und das Verhalten der Bezugspersonen, sowie das eigene Handeln in der Begegnung mit der Welt baut sich das Ich-Bewusstsein des Kindes auf. Das trotzende Kind ist noch völlig Es-gesteuert. Es braucht den Erwachsenen, der dem Es des Kindes zeigt, welche Verhaltensweisen, Wünsche und Bedürfnisse zugelassen werden können und welche nicht. Nur dadurch kann sich das Über-Ich, und demzufolge auch das Ich, bilden.

Vom Es zum Ich

Die Entwicklung eines Kindes ist in sog. Entwicklungsaufgaben unterteilt. Damit sind Themen gemeint, die ein Kind in den ersten drei Lebensjahren bewältigt. In den ersten Lebensmonaten lernt ein Baby bspw. einzuschlafen, Nahrung zu sich zu nehmen, sich eigenständig zu bewegen und Bindungen zu seinen Bezugspersonen (Eltern, Geschwister, Großeltern, Erzieher etc.) aufzubauen. Später kommen Fähigkeiten wie Laufen, Sprechen, räumliche Vorstellungskraft und die Kontrolle über seine Ausscheidungen hinzu. Das sind lebenswichtige Themen, die jedes Kind erlernen muss. Die Reihenfolge ist nicht immer die gleiche. Einige Kinder können sprechen, bevor sie laufen können, andere eben umgekehrt. Jedes Kind durchläuft all diese Entwicklungsaufgaben innerhalb seiner ersten drei Lebensjahre. Die Entwicklung eines Ich-Bewusstseins (Autonomiephase) beginnt mit 14 Monaten und bildet die Basis für den nächsten Lebensabschnitt. Allgemein nennt man diese Phase die *Trotzphase*.

Wann die ersten Trotzreaktionen auftreten und wie stark sie ausgeprägt sind, ist individuell verschieden. Einige Kinder entwickeln bereits im zweiten Lebensjahr eine starke Ich-Identität und einen ausgeprägten Willen, andere erst nach ihrem dritten Geburtstag. Die Trotzphase dauert in der Regel so lange an, bis ein Kind in der Lage ist, die eigenen Emotionen halbwegs zu kontrollieren und kanalisieren. Auch der Erziehungsstil der Eltern bzw. ihre Fähigkeit, dem Kind einerseits klare Grenzen zu setzen und ihm gleichzeitig mit Wertschätzung zu begegnen und sein Selbstbewusstsein zu stärken, haben Einfluss auf Dauer und Verlauf dieser Autonomiephase. Des Weiteren üben die Sprachentwicklung sowie die sozial-emotionale Entwicklung einen großen Einfluss aus, wann ein Kind in der Lage ist, Frustrationstoleranz zu entwickeln und seine negativen Gefühle zu beherrschen. Dies ist in der Regel irgendwann im vierten Lebensjahr der Fall[2.]

(Kollmann, 2011)3

Ursachen für die Trotzphase

Die Autorin Monika Kiel-Hinrichsen beschreibt in ihrem Buch, „Warum Kinder trotzen" (2001, S. 55), dass das Kind bis zum Trotzalter ein Eindruckswesen ist, das sich zum Ausdrucksmenschen verwandeln muss, um ein ICH entwickeln zu können. Sie beschreibt, dass es für die Persönlichkeitsentwicklung des Kindes notwendig ist, auf Widerstand zu stoßen, damit sich ein Ich bilden und entwickeln kann. Auf diesen Widerstand stößt das Kind im Zuge seiner motorischen und kognitiven Reifung (Kiel-Hinrichsen, 2001).

Die Trotzphase ist also ein wichtiger Entwicklungsschritt des Kindes hin zu einem konfliktfähigen und empathischen Erwachsenen, der sich seiner eigenen Sichtweise und der anderer Menschen bewusst ist. Es ist außerordentlich wichtig, dass es Konflikte erleben und ausleben kann. Dein Kind muss seine Erfahrungen machen dürfen, wie sich ein Konflikt anfühlt und wie man ihn lösen kann.

Gerade in Bezug auf ihre Kinder sind viele Erwachsene sehr auf Harmonie fokussiert. Ich glaube, das liegt an der Liebe, die wir unseren Kindern entgegenbringen. Wir möchten sie beschützen vor allem Bösen und Schlechten. Am liebsten würden wir ihnen ein Leben voller Freude, Frieden und Wohlstand auf allen Ebenen ermöglichen. Aber das wäre unmenschlich.

Habe keine Angst davor, wenn dein Kind Gefühle wie Wut, Frust oder Ärger zeigt. Gib ihm eine sichere Umgebung, in der es diese Gefühle ausleben kann. Zeig ihm, wie es damit umgehen soll.

Lernen ist ein Grundbedürfnis

Entwicklungspsychologen sind sich einig, dass jeder Mensch einen eigenen Charakter besitzt, dass ihn aber die Umwelt und seine Erfahrungen damit in seiner Entwicklung stark prägen.

Ein Kind strebt immer nach Weiterentwicklung. Es will die nächste Stufe erklimmen, groß werden und so sein wie seine Vorbilder. Kinder entwickeln sich also aus eigenem Antrieb und mit allen Sinnen. Es macht ihnen Spaß, Neues zu entdecken, zu lernen und zu verstehen. Du kannst das täglich beobachten. Dein Kind freut sich über alles, was es neu gelernt hat, und gibt niemals auf. Und hat es gelernt, zu krabbeln oder zu laufen, schielt es schon nach der nächsten Herausforderung. Sprechen, essen, balancieren, mit anderen Kindern spielen, mit Oma telefonieren usw. In den ersten drei Lebensjahren lernt ein Kind an einem Tag so viel wie ein Vollzeitstudent in einer Woche! Das ist ein Verhalten, das ich besonders an Babys und Kleinkindern bewundere.

Das Umfeld eines Kindes spielt bei seiner Entwicklung eine große Rolle. Je nachdem, in welcher Umgebung ein Kind aufwächst, welche Anregungen es erhält, welche Werte ihm vermittelt werden, wird es für sein ganzes Leben prägen.

Bspw. kann ein Kind mit 18 Monaten aus einer Tasse trinken, einen Löffel zum Mund führen oder Sand in ein Förmchen füllen; vorausgesetzt, es konnte das ausgiebig in seiner Umwelt beobachten und hatte

Gelegenheit, es selbst auszuprobieren. Konnte es diese Dinge nicht beobachten, käme es nicht einmal auf die Idee, dass diese Fertigkeiten wichtig sein könnten. Das bedeutet nicht, dass es sich gar nicht entwickeln würde. Es ist einfach nicht wichtig für seinen Alltag, also kommt es nicht auf die Idee. Durch die Beobachtung erfährt ein Kind also, was für seine Bezugspersonen wichtig und richtig ist. Genau diese Dinge ahmt es nach.

Du siehst also, dass dein Kind immer lernt, egal wo und wie es aufwächst. Lernen ist ein fester Bestandteil unseres Lebens. Du vermittelst deinem Kind deine Werte und deine Glaubenssätze. Verglichen mit einem Musikinstrument bestimmen die Saiten oder Tasten die genetische Prägung; der Musiker, entscheidet jedoch, welche Musik das Instrument spielt.

Metamorphose in Kürze

Erklärung von Siegmund Freud für den Trotz:

- Es: Das Es ist die Instanz der Wünsche, Bedürfnisse und Triebe.

- Über-Ich: . Das Über-Ich ist also eine Ansammlung von spürbar gewordenen Regeln, Ordnungen und Vorschriften der Gesellschaft

- Ich: Das Ich vermittelt also zwischen dem Es und dem Über-Ich und überprüft die Realität.

Die Trotzphase ist also ein wichtiger Entwicklungsschritt des Kindes hin zu einem konfliktfähigen und empathischen Erwachsenen, der sich seiner eigenen Sichtweise und der anderer Menschen bewusst ist.

Das Umfeld eines Kindes spielt bei seiner Entwicklung eine große Rolle. Je nachdem, in welcher Umgebung ein Kind aufwächst, welche Anregungen es erhält, welche Werte ihm vermittelt werden, wird es für sein ganzes Leben prägen.

Trotz, was ist das?

Grundsätzlich musst du zwischen einem Wut- oder Trotzanfall und dem Austesten von Grenzen unterscheiden.

Dies sind typische Beispiele für das Austesten von Grenzen:

🦋 Dein Kind möchte sich auf einmal nicht mehr füttern lassen. Es dreht den Kopf weg, wenn du den Löffel an seinen Mund hältst.

🦋 Dein Kind wirft Gegenstände vom Tisch oder Regal, ohne dass es dafür einen erkennbaren Grund gibt.

🦋 Dein Kind schmiert mit den Händen in dem Essen herum, um sich anschließend den Brei in Gesicht und Haare zu schmieren.

🦋 Dein Kind räumt heimlich deine Handtasche aus und malt mit deinem Lippenstift an die Wände an.

Bei diesem Verhalten testet dein Kind bewusst seine Grenzen aus. Es weiß ganz genau, dass du darüber nicht erfreut sein wirst. Es beginnt ca. mit 14 Monaten.

Dieses Austesten musst du unbedingt von den Wutausbrüchen / Trotzanfällen unterscheiden. Nicht selten sind diese mit gewalttätigen Handlungen verbunden. Sie beschreiben die Spitzen und Hochphasen der Trotzphase / Autonomiephase.

Während sich die meisten Eltern bei den obigen Beispielen gerne mit einem gezwungenen Lächeln bei Freunden *ausweinen*, reagieren sie heftig erschrocken und häufig ratlos, wenn ihr Kind einen richtigen Wutanfall bekommt.

Verlauf eines Wut- /Trotzanfalls

Ein Wut- oder Trotzanfall kann entstehen, wenn eine Situation nicht den Erwartungen, Wünschen oder Absichten des Kindes entspricht, und das Kind innerlich ein Gefühl der Frustration empfindet. Daraus entwickeln sich Wut oder Abwehr. Das Kind zieht sich in sich selbst zurück. Es tritt ein Kontaktverlust zur Umwelt oder der Bezugsperson ein. Das Kind wird nun hoch erregt und zornig und beginnt zu schreien und / oder wild um sich zu schlagen etc. Es ist vollkommen in seiner Emotion gefangen. In dieser Phase kann es dich nicht hören, wenn du beruhigend auf ihn einredest. Dieser Zustand kann mehrere Minuten dauern. Warte ab, bis es sich etwas beruhigt hat. Dann kannst du ihm deine Umarmung und deinen Trost anbieten. Am Ende weinen die Kinder meist und klammern, denn gleichzeitig empfinden sie auch Erleichterung und suchen die Nähe der Bezugsperson. Erst danach wird es für Erklärungen und Argumente bereit sein.

Was bedeutet Trotzen überhaupt?

Trotz ist eine Reaktion des Kindes auf Frustration. Frustration wird durch Ärgernisse ausgelöst. Da das Kleinkind noch nicht in der Lage ist, Frustrationen emotional zu regulieren, äußert es sich in Form von Trotz oder sogar Trotzanfällen. Diese sind stets mit heftigen Emotionen verbunden. Die Frustrationen können entweder durch andere Personen ausgelöst oder vom Kind selbst initiiert werden. Dem Kleinkind fehlen Selbstbeherrschung & Steuerung noch fast völlig.

Dein Kleinkind trotzt also nicht mit Absicht, um dich zu ärgern, sondern weil es noch nicht anders reagieren kann[3].

Dein Kind befindet sich zurzeit in einer Art Zwischenstadium. In der Prägephase / Seinsphase nimmt ein Baby alles als gegeben, was ihm passiert oder was es erfährt. Es sieht sich selbst als ein Teil des Ganzen. Ein Kleinkind in der Trotzphase entdeckt jedoch gerade, dass es einen Unterschied  zwischen ICH und DU gibt. Es merkt, dass es eine eigene Person mit eigenen Gefühlen und Wünschen ist, und dass diese Gefühle und Wünsche sich von denen anderer Personen unterscheiden können. Diese Erkenntnis verändert sein ganzes Weltbild.

Du kannst diesen Schritt auch an seiner Sprache erkennen. Wenn es vorher ein Wort für viele Personen oder Gegenstände benutzt hat, weil es sich mit ihnen verbunden gefühlt hat, fängt es nun an, die Dinge genau zu benennen. Es gibt eine Mama und einen Papa und seinen eigenen Namen. Das Wort ICH kommt erst mit fast 4 Jahren. Davor bezeichnet sich ein Kind meist mit seinem eigenen Namen oder dem Namen, mit dem es vornehmlich gerufen wird.

Gerade der letzte Satz des oberen, zweiten Absatzes war für mich als Tagesmutter und Mutter die größte Herausforderung: *Nur nicht persönlich nehmen.* Das ist manchmal leichter gesagt als getan. Wenn das Kind gegen alles und jeden protestiert, kommt bei mir sehr schnell der

(Cierpka, 2012))

Gedanke auf: „Du willst mich provozieren!" Und das kann durchaus zu-treffen.

Klar probiert dein Kind seine Grenzen aus, verteidigt seinen Willen mit aller Kraft. Das liegt aber nicht daran, dass es gegen alles und jeden ist, sondern daran, dass es dieses neue Gefühl ausprobieren will.

Metamorphose in Kürze

Grundsätzlich musst du zwischen einem Wut- oder Trotzanfall und dem Austesten von Grenzen unterscheiden.

Beim letzteren testet dein Kind bewusst seine Grenzen aus. Es weiß ganz genau, dass du darüber nicht erfreut sein wirst. Es beginnt ca. mit 14 Monaten.

Dieses Austesten musst du unbedingt von den Wutausbrüchen / Trotzanfällen unterscheiden. Nicht selten sind diese mit gewalttätigen Handlungen verbunden. Sie beschreiben die Spitzen und Hochphasen der Trotzphase / Autonomiephase.

Trotz ist eine Reaktion des Kindes auf Frustration. Da das Kleinkind noch nicht in der Lage ist, Frustrationen emotional zu regulieren, äußert es sich in Form von Trotz oder sogar Trotzanfällen. Dein Kleinkind trotzt also nicht mit Absicht, um dich zu ärgern, sondern weil es noch nicht anders reagieren kann.

Motorische und kognitive Reifung

Um die Ursache für Trotz- oder Wutanfälle besser verstehen zu können, müssen wir uns mit der motorischen und kognitiven Entwicklung eines Kindes befassen.

Motorische Entwicklung	Kognitive Entwicklung
Als motorische Entwicklung wird die Entwicklung aller Bewegungsabläufe des menschlichen Körpers während des Heranwachsens bezeichnet: Laufen, Greifen, Klettern, Sprechen, Hand-Augen-Koordination etc. Die Entwicklung der motorischen Fähigkeiten steigert den Tätigkeitsdrang des Kindes.	Die Entwicklung der kognitiven Fähigkeiten beschreibt die mentalen Prozesse eines Menschen, wie etwa Gedanken, Wünsche, Einstellungen, Meinungen, Wissen und Erwartungen. Es handelt sich dabei um alle Denk-, und Wahrnehmungsvorgänge.

Die motorische Reifung ermöglicht es dem Kind, seine Welt intensiver zu erforschen und zu erkunden. Das Kind ist nun nicht mehr so abhängig von dem Erwachsenen, sondern selbst in der Lage, seinen Bewegungsradius zu erweitern und zu bestimmen. Es erobert seine Umwelt, versucht dabei alles Mögliche und Unmögliche, und ist sich keiner Gefahr bewusst.

Die motorische und kognitive Reifung im Alter zwischen 12 - 36 Monaten beinhaltet die Entwicklung der eigenen Kompetenzen, die beim Kind ein Unabhängigkeitsstreben hervorruft. Das Kind möchte immer mehr alleine machen und haben. Mit ca. 24 Monaten, beginnt sich der eigene Wille zu entwickeln. Das Kind ahmt Handlungen nach und hat den Wunsch, selbstständiger zu werden. Bisher „registrierte" das Kind lediglich alle Erlebnisse. Jetzt erwacht sein Ich-Bewusstsein und beginnt, den Tag wirklich zu „erleben". Im Handeln und in der Begegnung mit der Welt baut sich das Ich-Bewusstsein des Kindes auf.

Als Tagesmutter habe ich mich immer gefreut, wenn ich diese neue Entwicklungsstufe erkennen konnte. Jetzt konnte ich mit dem Kind ganz anders arbeiten. Wenn ein Kind mehr Selbstständigkeit wollte, habe ich sie ihm gerne gegeben. Auch meine Art, mit dem Kind zu kommunizieren, habe ich verändert. Jetzt konnte ich ihm eigene kleine Aufgaben erteilen, für das es dann auch verantwortlich war. Wie ich das genau gemacht habe? Lies weiter, ich komme zu einem späteren Zeitpunkt noch ausführlich darauf zu sprechen.

Charakter & Prägung

Der Charakter eines Menschen verändert sich während der Kindheit und Jugend bis zum Erwachsenenalter ständig, z. B. durch Erziehung oder einschneidende Erlebnisse.

Bei der Kindererziehung ist es sinnvoll, auf die individuellen Persönlichkeitsmerkmale eines Kindes einzugehen. Was beim einen funktioniert, kann beim anderen gerade das Gegenteil bewirken. Es ist eben nicht allein der Erziehungsstil ausschlaggebend. Vielmehr ist das Zusammenspiel der Verhaltensmuster von Eltern und Kind entscheidend für die weitere Entwicklung.

Ein autoritäres Auftreten mag bei manchen Kindern notwendig sein, um beispielsweise Aggressionen in den Griff zu bekommen. Andere Kinder würde dies hingegen einschüchtern und dazu führen, dass sie sich immer mehr in sich zurückziehen.

Du wirst mir sicher zustimmen, dass Erlebnisse und Interaktionen mit der Umwelt den Menschen prägen. In der Prägephase schafft ein Kind sich sein eigenes Bild von der Welt. Dieses Bild ist quasi ein Puzzle aus bestimmten, sich wiederholenden Situationen oder Erfahrungen über einen längeren Zeitraum hinweg. Je nach Art der Erfahrung kann dieses positiv oder negativ sein. Emotionale Vernachlässigung, Trennung oder traumatische Erlebnisse vermitteln dem Kind, dass die Welt ein gefährlicher Ort ist. Andersherum sorgt ein weitgehend positives Umfeld mit guten Erfahrungen dafür, dass ein Kind die Welt als einen guten und sicheren Ort wahrnimmt. Es entwickelt Vertrauen in sich selbst, in andere Menschen und in das Leben insgesamt. Dieses Bild von der Welt wird dein Kind sein ganzes Leben lang im Unterbewusstsein in sich tragen. Es bestimmt sein Verhalten, seine innere Einstellung und seine Reaktionen.

Heute weiß man, dass die Prägung in den ersten Lebensjahren, einen Menschen deutlich mehr bestimmt als die genetische Veranlagung. Sie legt fest, wie wir in verschiedenen Situationen bewusst und unbewusst reagieren. Eine positive Prägung in den ersten Lebensjahren wird durch ein liebevolles Elternhaus mit viel Zuwendung, Verständnis und Nähe erzielt. Durch diese liebevolle Form der Prägung, zu denen übrigens auch das Bonding (Eltern-Kind-Bindung in den ersten Stunden nach der Geburt) gehört, lernen unsere Kinder, dass das Leben schön ist und die Menschen gut sind – eine positive Prägung, von der sie ihr Leben lang profitieren werden.

Gewalt erleben & interpretieren

„Parenting is probably the most important public health issue facing our society"[4]. = Die Elternschaft ist wahrscheinlich der wichtigste Punkt im Gesundheitswesen unserer Gesellschaft

Zum Glück hat die pädagogische Forschung in den letzten 50 Jahren bewiesen, dass Babys und Kleinkinder Gewalt ganz anders interpretieren als wir Erwachsenen. Die Erfahrungen, die ein Kind in den ersten Lebensjahren in Bezug auf Gewalt macht, prägen ihn lebenslang. Das Recht auf körperliche und geistige Unversehrtheit des Kindes ist heute

(Long, 1998)[5]

ein allseits anerkanntes Prinzip und fest in unserem Gesetz (§ 1631 Absatz 2 BGB) und unseren Wertvorstellungen verankert. Soweit die Theorie.

Ein Baby / Kleinkind ist sehr sensibel. Gewalt bedeutet nicht unbedingt physische Gewalt, wie das Zufügen von körperlichen Schmerzen. Unterschwellige Gewalt, die sich in der Kommunikation ausdrückt und nie richtig an die Oberfläche gelangt, kann mindestens den gleichen Schaden in der frühkindlichen Prägung anrichten, wie eine Ohrfeige.

Sind die Eltern z. B. häufig mit ihrem eigenen Leben überfordert, leben sie ständig in Existenzangst oder unterdrücken sie ständig ihre Unzufriedenheit in der Partnerschaft entsteht eine unterschwellige, latente Gewalt, die Kinder nicht verstehen können. Ein Kind nimmt seine Bezugspersonen vorbehaltlos an und kopiert deren Verhaltensweisen. Also wird es sich spiegelbildlich dann wohlfühlen, wenn eine unangenehme Atmosphäre zwischen den Familienmitgliedern herrscht oder wenn zu Hause viel gestritten wird. Dieses Verhalten spiegeln die Kinder auch in ihren Beziehungen zu anderen Kindern, Erziehern etc. und in ihrem Konfliktverhalten. Das Kind lernt, dass das Leben unfair und hart ist. Wer groß sein will, lacht nicht sehr viel.

Je nachdem, was ein Kind im Umgang mit Gewalt (offen oder latent) lernt, wird sein Selbstbild prägen. Parallel dazu kann sich seine psychische Widerstandskraft = Resilienz entwickeln.

Resilienz wird definiert mit:

A. Fähigkeit zur Selbstregulation (= Umgang mit eigenen Emotionen)
B. Selbstwertgefühl
C. Gutes Selbstvertrauen (Ich kann das)
D. Kontaktfähigkeit, soziale Kompetenz und Konfliktfähigkeit
E. Problemlösungsfähigkeit (aus Fehlern lernen)
F. Autonomie (Ich-Bewusstsein)
G. Stressregulierung
H. Neugierde
I. Offenheit

Die Grundlage für diese Fähigkeiten wird in den ersten drei Lebensjahren gelegt: In einer sicheren Bindung, die stark macht und dem Kind zeigt, mit schwierigen Situationen umzugehen.

Dazu solltest du vor allem ehrlich zu dir selbst sein, und dein Verhalten häufig hinterfragen. Wie fühlst du dich gerade? Was erlebst du gerade? Wie bist du gerade?

Als Tagesmutter stand ich oft in einem inneren Konflikt. Als alleinerziehende Mutter musste ich, gerade in der Anfangszeit nach meiner Trennung, starke Spannungen in meinem Privatleben aushalten. Meine eigenen Kinder verarbeiteten die Trennung von ihrem Vater intensiver als ich und waren oft emotional unausgeglichen. Ich will sagen: Bei uns flogen in der Zeit häufig die Fetzen. Als Profi wollte ich natürlich nicht, dass meine Tageskinder unter diesen Spannungen leiden mussten. Die

Belastung, die ich in mir empfand, wollte ich die Kinder keinesfalls spüren lassen.

Der Dreh- und Angelpunkt ist eine sichere Bindung. In dem Kapitel *Kommunikation* werde ich dir mehr darüber berichten, wie einfach dein Kind dich durchschaut und wie wichtig Ehrlichkeit und Authentizität in der Erziehung von Kleinkindern sind. Meine ausgesendeten nonverbalen Signale passten für die Kinder nicht zu dem Bild, was ich nach Außen zeigen wollte. Dazu kam, dass ich mich in Konfliktsituationen schnell überfordert fühlte und auch mal lauter mit einem Kind geredet habe, als es notwendig oder richtig gewesen wäre.

Mangelnde Authentizität und unangemessene Emotionen empfindet ein kleines Kind als eine Form der Gewalt. Sein Überlebensinstinkt warnt es, vorsichtig zu sein. Etwas passt hier nicht. Wenn ich einem Kind zeigen möchte, wie man psychische Widerstandskraft entwickelt, ist es dringend notwendig, offen und ehrlich gegenüber dem Kind zu sein.

Jeder von uns fühlt sich ab und zu im Alltag überfordert. Nach meiner Erfahrung sind Kinder dafür selten der Grund. Das Leben ist anspruchsvoller geworden und wir müssen immer mehr Rollen bedienen. Kinder spüren diese Gefühle instinktiv und reagieren irritiert darauf. Häufig werden sie laut, sind unausgeglichen oder ängstlich und fallen umso leichter in einen Trotzanfall. Dabei spiegeln sie nur unser Verhalten.

Um diesem Loop ein Ende zu machen und um den Kindern wieder mehr Sicherheit zu vermitteln, sprach ich mit ihnen darüber, wenn die Stimmung sehr unausgeglichen war. Ich setzte mich in die Mitte des Raumes und erklärte ihnen mit einfachen Worten -so, dass es auch ein 2-jähriges Kind verstehen kann- , dass es mir heute nicht gut geht. Die

Reaktionen waren immer überwältigend! Die Kinder haben stets mit Verständnis reagiert. Sie nahmen mich in den Arm und trösteten mich. Nach einer Runde Gruppenkuscheln war die Stimmung wieder harmonischer. Das Signal, das von ihnen zurückkam, war: Es ist in Ordnung! Auf diese Weise konnten auch die Kinder lernen, dass es in Ordnung ist, wenn man sich an einem Tag nicht gut fühlt. Mit ein bisschen Kuscheln und etwas Rücksichtnahme kriegt man alles wieder hin.

Wut als Störfaktor im Familienleben

Wut ist der Ausdruck unterdrückter Emotionen. Weil wir eine Situation nicht annehmen oder ändern können, belastet sie uns. Wie ein Stein liegt sie uns im Magen und verursacht heftige Turbulenzen. Wut ist nur ein Ausdruck für Gefühle wie Enttäuschung, Angst, Überforderung etc. Sie kann wie ein Befreiungsschlag wirken. Mit einem Wutausbruch möchte ich mir mehr Platz oder Luft verschaffen. Ich fühle mich oder meine Welt bedroht und reagiere darauf.

Egal ob du selbst diese Emotionen unterdrückst oder dein Kind gerade am Gipfel seiner Trotzphase ist, Wut ist eine starke Belastung für jede Familie. Und jedes Familienmitglied reagiert individuell darauf. Der eine zieht den Kopf ein und geht in Deckung, der andere geht in die Offensive; aber alle reagieren mit Stress auf einen Wutanfall.

Wenn dein Kind sehr viel Wut zeigt, häufig schreit, trampelt, Gegenstände um sich wirft oder sonst wie aggressiv und gewalttätig ist, ist das ein klares Zeichen für sein emotionales Ungleichgewicht. Jetzt ist es wichtig, dass du und dein Partner zusammenhaltet. Lasst euch nicht auseinanderdividieren, indem sich einer um alles kümmert, während der andere sich durch Passivität auszeichnet. Familie ist ein Teamspiel ohne klare Spielregeln. Es gibt keinen Schiedsrichter, der aufpasst, dass alles fair verläuft. Vielleicht hast du das Gefühl, dass du wie Don Quichotte allein gegen Windmühlen kämpfen musst. Dies ist nur eine momentane Wahrnehmung.

Damit die Wut euch als Familie nicht entzweit, ist es wichtig, diese anzuerkennen. Überspiel oder ignoriere sie nicht. Sie ist da und sie kann euch dabei helfen, enger zusammenzukommen, als ihr es ohnehin schon seid.

Besprich die Situation mit deinem Partner. Setzt euch zusammen und sprecht über eure Gefühle. Wie empfindet jeder von euch die momentane Situation? Was könnte der Auslöser der Wut sein? Wer von euch verliert am schnellsten die Geduld und wann passiert es leicht? Wenn dein Kind häufig einen Wutanfall in den unmöglichsten Situationen bekommt, dann überlegt bitte gemeinsam, wo ihr eine Regelmäßigkeit erkennen könnt. Ist es vielleicht eine bestimmte Uhrzeit, in der dein Kind regelmäßig tobt, oder eine Situation, mit der es nicht klarkommt? Gibt es in deinem Leben etwas, womit du nicht zufrieden bist, oder was dir Angst macht? Denke daran: Kinder spiegeln, was sie sehen. Häufige und heftige Wutanfälle sind ein Zeichen dafür, dass dein Kind verunsichert ist, weil es etwas empfindet, was es nicht einordnen kann.

Indem ihr die Situationen analysiert, in denen die meisten Spannungen zum Ausdruck kommen, seht ihr eure Situation mit den Augen eines Außenstehenden. Ihr gewinnt Abstand und könnt euch Strategien überlegen, wie ihr damit umgehen wollt. Oder ihr erkennt, was euch persönlich belastet, was ihr vermisst und was ihr euch wünscht. Versucht bitte nicht, Harmonie vorzuspielen. Seid ehrlich und offen, damit die Ursachen erkannt und beseitigt werden können.

Wenn ihr miteinander redet, dann beachtet die Regeln der vollkommenen Ich-Botschaft, die du in dem Kapitel Kommunikation, weiter unten, nachlesen kannst. Es geht nicht darum, dem anderen Vorwürfe zu machen oder recht zu haben. Es geht darum, zu erkennen, was nicht gut läuft in eurem Familienleben, bzw. wie und wo ihr euer Kind in seiner Entwicklung unterstützen könnt. Auf diese Weise werdet ihr es schaffen, eine unerträgliche Situation in eine Wachstumsphase umzuwandeln und die Beziehung zwischen euch und zu eurem Kind noch mehr zu vertiefen.

Metamorphose in Kürze

Bei der Kindererziehung ist es sinnvoll, auf die individuellen Persönlichkeitsmerkmale eines Kindes einzugehen. Was beim einen funktioniert, kann beim anderen gerade das Gegenteil bewirken.

In der Prägephase schafft ein Kind sich sein eigenes Bild von der Welt.
Dieses Bild ist quasi ein Puzzle aus bestimmten, sich wiederholenden
Situationen oder Erfahrungen über einen längeren Zeitraum hinweg.

Eine positive Prägung in den ersten Lebensjahren wird durch ein liebevolles Elternhaus mit viel Zuwendung, Verständnis und Nähe erzielt.
Durch diese liebevolle Form der Prägung, zu denen übrigens auch das
Bonding (Eltern-Kind-Bindung in den ersten Stunden nach der Geburt)
gehört, lernen unsere Kinder, dass das Leben schön ist und die Menschen gut sind – eine positive Prägung, von der sie ihr Leben lang profitieren werden.

Je nachdem, was ein Kind im Umgang mit Gewalt (offen oder latent)
lernt, wird sein Selbstbild prägen. Parallel dazu kann sich seine psychische Widerstandskraft = Resilienz entwickeln.

Die Grundlage für diese Fähigkeiten wird in den ersten drei Lebensjahren gelegt: In einer sicheren Bindung, die stark macht und dem Kind
zeigt, mit schwierigen Situationen umzugehen.

Damit die Wut euch als Familie nicht entzweit, ist es wichtig, diese anzuerkennen. Überspiel oder ignoriere sie nicht. Sie ist da und sie kann

euch dabei helfen, enger zusammenzukommen, als ihr es ohnehin schon seid.

Eltern-Kind-Beziehung

Der Aufbau einer liebevollen Eltern-Kind-Beziehung ist entscheidend für eine gesunde kindliche Entwicklung in den ersten Lebensjahren.

Neben der allgemeinen Pflege gehört vor allem eine verlässliche und einfühlsame Betreuung sowie die altersgerechte Unterstützung der körperlichen, geistigen und seelischen Entwicklungsprozesse dazu. So entwickelt das Kind eine Bindung und lernt, tiefe und anhaltende Beziehungen in seinem Leben aufzubauen. Diese Fähigkeit ist außerordentlich wichtig für sein Erwachsenenleben. Wenn ein Mensch gelernt hat, Vertrauen zu einer anderen Person aufzubauen und eine Beziehung mit ihren Höhen und Tiefen zu führen, ist er auch in der Lage, seine persönlichen Bedürfnisse wahrzunehmen und angemessen anzunehmen.

Allgemein liegt der im Folgenden beschriebenen Auffassung gesundheitsfördernder Elternkompetenzen ein ganzheitlich orientiertes, salutogenetisches Gesundheitsverständnis (Antonovsky 1982, 1997) zugrunde, wie es beispielsweise die Weltgesundheitsorganisation in ihrer Charta zur Gesundheitsförderung beschreibt (Ottawa-Charta der WHO 1986). Demnach wirkt sich neben den bio-medizinischen Voraussetzungen wesentlich die persönliche, familiäre und sozio-ökonomische Lebenslage auf die Gesundheit von Kindern aus. Gesundheitsförderung und Gesundheitserziehung sind somit als gesellschaftliche Querschnittsaufgabe zu verstehen.

Gesundheitsfördernde Elternkompetenzen sind eng mit allgemeinen Erziehungskompetenzen verbunden. Du solltest wissen, in welchem Entwicklungsstadium sich dein Kind gerade befindet, um angemessen reagieren zu können, und um ihm die richtigen Anreize für seine Entwicklung zu geben. Doch genauso wichtig ist es, dass du dir über deine Erziehungsziele und den Erziehungsstil im Klaren bist. Also: Was (Werte und Glaubenssätze) möchtest du deinem Kind vermitteln? Wie möchtest du das erreichen?

Zunächst ist es wichtig, den kindlichen Trotz nicht als Ablehnung gegen dich persönlich zu verstehen. Dein Kind trotzt nicht, um dich zu ärgern. Vielmehr benötigt es im Trotz deine Führung und Hilfe, damit es lernen kann, selbständig seine Emotionen zu regulieren. Du musst dein Kind also anleiten, indem du ihm aufzeigst, welches Verhalten du möchtest und welches nicht.

Ziel ist es, dass es deinem Kind gelingt, sein emotionales Gleichgewicht zu finden, wenn das, was es will, gerade nicht möglich ist. Es soll vom unkontrollierbar emotionalen Handeln zum bedacht kontrollierten Handeln kommen. Bei allem Zorn und Trotz muss es sich dennoch sicher und geliebt fühlen, damit die Vertrauensbasis zu seinen Bezugspersonen bestehen bleibt. Dein Kind muss gerade bei Schwierigkeiten deine Bindung erfahren. Nur so wird es vertrauen lernen, dass es sich verstanden und angenommen fühlt und angemessen begleitet wird. Egal, was passiert ist.

So logisch und einfach sich das hier anhört, ist es in der Praxis oftmals leider nicht umzusetzen. Nicht nur Eltern fühlen sich ab und zu überfordert und reagieren intuitiv so, wie sie es selbst in ihrer Kindheit gelernt haben. Ich habe selbst Erzieher und Kinder-Tagespflegepersonen dabei beobachtet, wie sie versuchten ein trotzendes Kind mit Druck und Autorität zu beruhigen, anstatt ihm Ruhe und Sicherheit anzubieten.

Mir persönlich hat es in schwierigen Situationen geholfen, mich nicht auf das zu konzentrieren, was ich will (Ruhe und Frieden um jeden Preis), sondern die Situation anzunehmen, so wie sie ist. Die Situation ist gerade anstrengend, nicht das Kind. Wenn ich nicht wusste, wie ich am besten reagieren sollte, habe ich mich auf den Boden gesetzt (sofern möglich) und abgewartet, was das Kind als Nächstes tut. Damit wollte ich ihm signalisieren, dass es gerade nicht so weitergeht, wie eben geschehen. Meine Reaktion war passiv, aber ein eindeutiges Stopp-Zeichen für das Kind. Ich habe ihm so den Freiraum gelassen, um seine Emotionen auszuleben, habe es aber gleichzeitig von der Gruppe isoliert. Die ganze Zeit über war ich immer darauf konzentriert, dass die SITUATION gerade nicht passt. Mit dem Kind ist alles in Ordnung.

Eine verlässliche emotionale Verbindung zwischen dem Kind und seinen Bezugspersonen ist die Grundlage für das gesunde Aufwachsen eines Kindes. Zum einen ermöglicht diese dem Kind, sich aktiv mit seiner Umwelt auseinanderzusetzen. Zum anderen kann das Kind nur durch das Erleben eines liebevollen, einfühlsamen Umgangs ein positives Bild von sich und anderen entwickeln.

Die Bindung ist eine besondere emotionale Beziehung zwischen einem Kind und seiner Bezugsperson. Dazu zählen nicht nur die Eltern, sondern auch Großeltern, Erzieher etc.

Bindung entsteht durch verlässliche Betreuung, d. h. das Kind wird in seinen Bedürfnissen wahrgenommen und vor allem ernst genommen. Es erlebt die Betreuung als eine Beziehung, wo es sich beschützt, versorgt, geliebt und geachtet fühlt. Die Bindung soll ein „Anker" sein, an dem es sich bei Angst, Traurigkeit, Hilflosigkeit o. ä. festhalten kann und wo es Sicherheit, Verständnis und Hilfe findet. Von dort aus kann es sich frisch gestärkt erneut seinen Aktivitäten widmen.

Erziehung hat zum Ziel, dass das Kind ein gesundes Ich-Bewusstsein ausbildet. Damit beginnt es gerade in der Trotzphase. Je nachdem, wie die Eltern / Erzieher auf die Trotzphasen des Kindes reagieren, oder nach welchen Vorstellungen sie das Kind erziehen, wird sich beim Kind die Ich-Stärke entwickeln. Das Kind fragt durch sein Trotzverhalten die Spielregeln der Umgebung ab, lotet seinen Handlungsspielraum aus und benötigt Orientierungshilfe durch Erwachsene. Kinder fordern durch ihr Verhalten einen Erziehungsrahmen ein.

Das Kind

.... entwickelt sein Einfühlungsvermögen

Ab ca. 14 Monaten kann ein Kind Gefühle, wie Zuneigung, Liebe, Ärger oder Eifersucht ausdrücken. Es reagiert sensibel auf Lob und Tadel und zeigt seine Emotionen in Mimik und Gestik. Es umarmt dich liebevoll, lächelt dich an und flirtet mit seinem Gegenüber ganz bewusst. Kinder in diesem Alter zeigen diese Emotionen auch gegenüber einer Puppe oder einem Stofftier. Sie drücken und streicheln sie zärtlich und geben ihnen sogar Küsschen.

Seinem Ärger macht es durch Weinen und deutliche Wutanfälle Luft. Es zeigt bereits die ersten Spuren von Eifersucht, z. B. wenn du deine Aufmerksamkeit einem anderen Kind schenkst. In manchen Fällen äußert sich dieses Gefühl in aggressivem Verhalten, wie Kneifen, Haare ziehen oder Hauen. Damit möchte es den „Feind" aus dem Weg räumen. Ich konnte dieses Verhalten häufig ab 20 Monaten beobachten. Es gibt aber Kinder, die bereits ab 14 Monate so reagieren.

Mit 18 Monaten empfinden Kinder Mitgefühl mit ihren Mitmenschen und sind in der Lage, dieses Mitgefühl auszudrücken. Bist du z. B. krank, versucht dein Kind dich zu trösten und zu pflegen. Dieses Verhalten zeigt es ebenso seinen vertrauten Spielkameraden in der Kinderkrippe oder Haustieren gegenüber. Ab jetzt entwickelt dein Kind ein großes Interesse für die Gefühle der anderen. Es empfindet Empathie (Einfühlungsvermögen) für seine Umwelt. Wissenschaftler nennen dieses Verhalten *emotionale Intelligenz*.

Ab jetzt wirst du feststellen, dass dein Kind bewusst den Kontakt zu anderen, gleichaltrigen Kindern sucht. Es entwickelt immer stärker eigene Verhaltensweisen und ist ganz aufgeregt, wenn es zum Spielplatz geht, weil dort andere Kinder sind. Auch ältere Geschwister werden jetzt immer interessanter. Du kannst beim Spielen noch kein wirkliches Miteinander mit anderen Kindern erkennen. Kinder in diesem Alter spielen noch nebeneinanderher und sprechen wenig miteinander. Trotzdem wird es für dein Kind immer wichtiger, Kontakt zu anderen Kindern zu haben.

Im Spiel mit anderen Kindern (man spricht hier von Kind-Kind-Kontakten) lernt dein Kind u. a.:

- zu kommunizieren,
- Konflikte auszutragen,
- sich gemeinsam für eine Sache einzusetzen,
- sich in die Situation und Gefühlswelt des anderen zu versetzen (Empathie),
- Toleranz.

Kinder bilden zunächst häufig Zweiergrüppchen, da größere Gruppen ihre kognitiven Fähigkeiten übersteigen. Hierbei sind alle Spielkameraden gleichwertig. Es gibt keine Unterschiede zwischen Geschlecht, Hautfarbe, Herkunft o. ä. Alle Kinder sind auf der gleichen Wellenlänge. Kommt es zu Streitereien, haben beide Seiten vergleichbare Machtmittel. In der Erwachsenen-Kind-Beziehung sind die Verhältnisse dagegen unausgeglichen, da Erwachsene mehr Wissen und Erfahrung mitbringen. Überdies gibt es bestimmte Dinge, die nur die Großen machen: etwa Windeln wechseln oder Essen kochen.

... erkennt Konflikte

Beim gemeinsamen Spielen unter Kindern kommt es nicht darauf an, ob oder welche Sprache gesprochen wird. Da der Wortschatz noch nicht so umfassend ist, verständigen die Kinder sich über Gesten, Mimik oder Körpersprache. Alles wird gegenseitig nachgeahmt. Auch Spielzeuge und Alltagsgegenstände spielen dabei eine große Rolle. Das einfache Übergeben eines Balls stellt eine eindeutige Spielaufforderung dar.

In diesem Stadium weiß das Kind noch nicht, was zu ihm gehört und was nicht. Es lernt zunächst das Besitzen („Ich bin, was ich besitze"). Miteinander Teilen ist erst später dran. „Meins" ist das Lieblingswort deines Kindes in dieser Zeit. Und dein Kind verteidigt seinen Besitz mit allen Mitteln, etwa mit Beißen oder Hauen. Solche Konflikte machen etwa die Hälfte aller Kind-Kind-Konflikte aus und sind wichtige Erfahrungen für die kognitive Entwicklung.

Die Kinder müssen lernen, selbst Konflikte zu lösen. Dazu brauchen sie deine Hilfe als Vorbild und Schlichter. Als Elternteil solltest du zunächst die Situation beobachten und erst dann einschreiten, wenn sich die Situation zuspitzt.

Die Eltern

Erziehung nimmt viel Zeit in Anspruch. Du kannst dein Kind nicht *nebenbei* erziehen. Aufmerksamkeit, Flexibilität, Geduld und manchmal auch Nervenstärke sind unverzichtbare Fähigkeiten in der Erziehung. Weiterhin verfolgen wir heute andere Standards und Rollen als noch vor 50 Jahren.

Heute ist es normal, dass beide Elternteile für den Unterhalt der Familie sorgen. Entsprechend werden Haushalt und Erziehungsaufgaben gleichberechtigt zwischen beiden Elternteilen verteilt. Das Bild der Familie an sich hat sich gewandelt. In den 1980-er Jahren konnten die meisten noch nichts mit dem Begriff *Patchwork Family* anfangen. Heute ist es nicht ungewöhnlich, dass beide Elternteile nicht im selben Haushalt leben. Auch die Großeltern leben häufig nicht mehr in der Nähe und können ihr Enkelkind nur noch selten im Jahr sehen.

Zeitgleich mit diesem veränderten Familienbild hat sich der Anspruch an den Nachwuchs geändert. Die Früherziehung beginnt bereits, wenn das Kind erst wenige Monate alt ist. Es soll auf das Leben vorbereitet werden und seine Fähigkeiten ausbauen. Es gibt einen gesetzlichen Betreuungsanspruch ab dem 12. Lebensmonat. Frühzeitig wird die Erziehung *outgesourced*. Das Kind muss sich dem Tagespensum der Erwachsenen anpassen. Anstatt wenige feste Bezugspersonen (Mama, Papa, Geschwister, Großeltern, etc.), hat es heute viele verschiedene.
Um in dieser neuen Zeit dem Kind trotzdem ein eigenes Familiengefühl zu geben, ist es für Eltern wichtig, mit äußeren Einflüssen, die in die Familien getragen werden, umgehen zu können. Auch innere Stressfaktoren, die durch das Zusammenleben in der Familie entstehen, müssen gleichzeitig gemanagt werden. Wichtig ist es in diesem Zusammenhang, dass du dir mit deinem Partner über eure Erziehungsziele und euren Erziehungsstil einig bist. Bildet eine gute Elterneinheit und findet euren eigenen Weg in der Erziehung eures Kindes. Um eure Ziele, Vorstellungen und Erziehungsstile umsetzen zu können, müsst ihr in eurer eigenen Kompetenz (Selbstwirksamkeit) vertrauen können.[5]

(Aufklärung, 2011)5

Das Verhalten, das wir bei unseren Kindern erreichen möchten, müssen wir ihnen vorleben. Wir Eltern müssen unseren Kindern so begegnen, wie wir es von ihnen verlangen. Alternative Erziehungskonzepte, wie die von Emmi Pikler oder Montessori haben schon vor über 100 Jahren betont, dass man Kinder nicht mit Regeln, Strafen oder Ermahnungen erzieht; sondern ihnen das Verhalten vorleben sollte, dass man bei ihnen fördern möchte. Der Umgang soll höflich, respektvoll und nicht aggressiv oder belehrend sein, denn das Kind wird uns mit großer Wahrscheinlichkeit als Modellvorlage nehmen. Die Psychologie nennt das: Lernen am Modell.

Mit Lernen am Modell Grenzen akzeptieren lernen

Albracht Bandura beschreibt in seiner sozial-kognitiven Lerntheorie, dass eine Vielzahl von Erlebnis- und Verhaltensweisen durch das Beobachten von Vorbildern ausgebildet wird. Als Modell werden Menschen gewählt, die soziale Macht besitzen; die also die Fähigkeit besitzen, zu belohnen und zu bestrafen, die beim Beobachter hohes Ansehen genießen, als empathisch und attraktiv empfunden werden und zu denen der Beobachter in einer Abhängigkeit steht (Bandura, 1971).

Dieses Kopieren oder Aneignen kannst du leicht an dir selbst beobachten. Wie oft ertappst du dich, dass du Phrasen oder Gesten der Menschen übernimmst, denen du auf Social-Media-Kanälen, wie Facebook, Instagram oder YouTube folgst?

Anhand von Vorbildern lernen die Menschen Verhaltensweisen und Einstellungen gegenüber anderen Personen, Objekten, Sachverhalten,

Vorurteilen, Verhaltensvorschriften usw. kennen. Vor diesem Hintergrund empfiehlt es sich, das eigene Modellverhalten regelmäßig zu reflektieren. Wie gehe ich mit Situationen um, die mir nicht gelingen? Wie gehe ich mit Situationen um, die mir gut gelingen?

Die Sprache ist ein sehr geeignetes Mittel, um dies zu erkennen. In meiner Kindertagespflege nutzte ich verschiedene Standardsprüche. Wenn ich bspw. mit allen Kindern gehen wollte, sagte ich: „Bim Bam Boo Abflug!". Damit war für alle klar, dass wir uns sammeln und gemeinsam gehen. Wenn ein Kind etwas einfach nur akzeptieren musste, wofür es keine für Kinder verständlichen Argumente gab, sagte ich: "Beschwer dich bei Amnesty!" Die witzige Pointe war, dass die Kinder diese Sätze bald auch zuhause anbrachten. Da sie in mir ein Vorbild hatten, an dem sie beobachten konnten, wie man sich in Situationen verhält, haben sie diese Sätze einfach adaptiert. Einfacher ausgedrückt, habe ich dem Kind mit einem Satz eine Grenze oder ein Signal gegeben. Denn nach diesem Satz gibt es nichts mehr, worüber wir diskutieren können. Das Kind muss die Situation akzeptieren.

Um ein Kind zu schützen oder ungünstige Verhaltensweisen zu beenden ist es manchmal notwendig, Grenzen zu setzen und Signale zu geben. Wichtig ist jedoch, dass dies immer sinnvoll und fair geschieht, und dass dem Kind dabei Achtung entgegengebracht wird. Grenzen sollten stets gut überlegt und sparsam und nicht nach Launenhaftigkeit und Willkür festgelegt werden. Wichtig ist, dass die gesetzten Grenzen unbedingt eingehalten werden, damit das Kind das gewünschte Verhalten erkennt, lernt und anwendet. Der Begriff dafür ist „konsequentes Verhalten". Die Psychologie spricht hier auch von "operantem Konditionieren" oder auch von "angelernten Verhaltensmustern".

Wir alle kennen diese angelernten Verhaltensmuster. Sie begegnen uns ständig in unserem alltäglichen Verhalten. Sie entstanden in unserer frühkindlichen Prägung durch Eltern, Verwandte oder Lehrer. Sie beschreiben vor allem Glaubenssätze und Wertesysteme. Wie verhalte ich mich in der jeweiligen Situation? Wie ist mein Selbstbild in Bezug auf meine Wünsche und Ziele geprägt? Welche Vorurteile beeinflussen mein Verhalten gegenüber anderen Personen? Wie gehe ich mit Autorität um?

Du siehst, wenn es um die Erziehung deines eigenen Kindes geht, spielt auch deine eigene Erziehung eine bedeutende Rolle.

Werte, Glaubenssätze und dein persönliches Selbstbild prägen die Erziehung

Viele Eltern kennen es: Auch wenn wir glauben, uns längst von unseren eigenen Eltern (und deren Fehlern) gelöst zu haben, kommen - spätestens dann, wenn wir eigene Kinder haben - alte Muster und Verhaltensweisen unserer eigenen Erziehung ganz plötzlich wieder zum Vorschein. Die Elternschaft ist ein Schlüsselreiz für unsere eigene, frühkindliche Prägung.

Selbst wenn du dich schon vor der Geburt deines Kindes mit deinen / euren Erziehungswerten und Normvorstellungen auseinandergesetzt hast und den festen Vorsatz getroffen hast, nicht die gleichen Fehler zu machen, die deine Eltern bei dir gemacht haben, ist das eine Art der Anerkennung für deine eigene Konditionierung. Auch ein *Dagegensein* ist eine Form der Akzeptanz. Wenn du gewisse Erziehungsmethoden unter allen Umständen vermeiden willst, achtest du ständig auf diese Verhaltensmuster. Du bist weiterhin in deiner Konditionierung gefangen.

Neben diesen Glaubenssätzen und grundlegenden Wertvorstellungen existieren unsere eigenen, tiefsten Vorlieben und Neigungen.

Einem Kind die richtige Prägung zu vermitteln bedeutet vor allem, sich selbst immer wieder zu hinterfragen, und Vertrauen in sich selbst zu haben. Wenn Kinder das Verhalten ihrer Umwelt spiegeln und interpretieren, dann geht es bei der Konditionierung vornehmlich darum, sich selbst zu beobachten und zu hinterfragen, so oft es geht. Gerade in schwierigen Situationen reagiert jeder Mensch mehr oder weniger impulsiv und intuitiv. Diese Reaktion ist oft davon geprägt, was wir selbst in unserer Kindheit gelernt haben. Wenn ich einige Verhaltensweisen meiner eigenen Erziehung nicht an mein Kind weitergeben möchte, ist es wichtig, meine Reaktionen ganz bewusst zu hinterfragen und meine Gewohnheiten ggf. zu ändern. Dabei muss ich zwischen der Wertvorstellung und meiner Art, diese zu vermitteln, unterscheiden. Ein Beispiel:

Ich persönlich habe die Wertvorstellung, dass sich Geschwister gegenseitig schätzen und unterstützen sollten. Sie sollen sich gegenseitig akzeptieren, wie sie sind und sich selbst in der Beziehung schätzen. Ich möchte damit sagen: Ich sehe und achte die Talente meines Bruders / meiner Schwester und ich schätze meine eigenen. Gemeinsam können wir viel Spaß haben. Bei einem Streit zwischen meinen Kindern, möchte ich gerne, dass sie lernen, einen Konflikt auszutragen, ohne, dass sich einer unterdrückt oder schwach fühlt. Nur dann können sie sich am Ende wirklich vertragen.

Doch wenn ich als Schlichter zwischen die Kampfhähne gehen muss, verfalle ich schnell in die Verhaltensmuster meiner eigenen Mutter, wie sie damals versuchte, einen Streit zwischen meinem Bruder und mir zu schlichten. Obwohl ich weiß, dass ich heute über mehr Kommunikationsmittel verfüge als meine Mutter, benutze ich schnell ihre Methoden. Doch das passt nicht mehr mit meinem eigenen Selbstbild, und dem Bild, das ich meinen Kindern vermitteln möchte, zusammen.

Um das zu lösen, habe ich mir angewöhnt, nach Möglichkeit als neutraler Puffer zwischen meinen Kindern zu stehen. Bei einem Streit (ich werde noch ausführlicher auf die Notwendigkeit eines Geschwisterstreits eingehen) stelle ich mich als neutrale Person dazwischen und gebe jeder Seite die Möglichkeit, ihrem Ärger Luft zu machen. Es geht mir nicht darum, herauszufinden, wer Recht hat. Ich möchte, dass jeder seine Sichtweise schildern kann. Dann suchen wir zu dritt nach einer Lösung, mit der alle zufrieden sind. Interessanter Weise kommen die Kinder sehr schnell zu einer allseits befriedigenden Lösung, wenn ich ihnen eine Konsequenz in Aussicht stelle, die beide vermeiden wollen (= „Wenn ihr euch nicht einigen könnt, kommt das Spielzeug weg"). Damit schenke ich ihnen eine Gemeinsamkeit. Wir können dann zusammen überlegen, wie wir den Konflikt lösen. Häufig kommt etwas völlig anderes dabei heraus.

Kinder beeinflussen von Geburt an das Selbstbild, die Einstellungen, Werthaltungen, Zielsetzungen und das Verhalten ihrer Umwelt. Diese wirken ihrerseits auf das Kind ein und melden diesem zurück, ob es liebenswert ist oder nicht, ob es kompetent ist oder nicht, ob es bewundert wird oder nicht, ob es wichtig ist oder nicht. Diese Rückmeldungen sind entscheidend für die Ausbildung seines Selbstbildes. Damit meine ich nicht nur die engen Bezugspersonen, wie Eltern, Familie, Erzieher, etc.

Ein Kind, das in einer Familie lebt, besitzt großen Einfluss auf seine Eltern und alle anderen Personen, mit denen es in Kontakt kommt. Die

Einrichtung der Wohnung, eure Freizeitgestaltung und dein Berufsleben werden durch seine bloße Existenz, sein Verhalten, seine Persönlichkeit und seine Gesundheit mitbestimmt. Umgekehrt haben alle Kontaktpersonen Einfluss auf das Kind. Das Bild von sich selbst und von anderen Menschen, das Ausfüllen einer sozialen Rolle, Rückmeldungen von anderen – alles wird im sozialen Miteinander gestaltet. Bekommst du von deiner Umwelt viel Bestätigung und Vertrauen geschenkt, fühlst du dich stark, beliebt und attraktiv. Erfährst du vor allem Ablehnung und Skepsis, fällt es dir selbst nicht leicht, deinen Entscheidungen und Gefühlen zu vertrauen.

Mit Konditionierung wird also einerseits das eigene Wertesystem beschrieben, das wir bereits in früher Kindheit von unserem Umfeld lernen; und andererseits unserer Selbstbild in Beziehung zu unserem Umfeld. Beides steht in ständigem Austausch und muss notwendigerweise ein Leben lang angepasst werden.

Die Normen und Werte, die vor 100 Jahren entstanden sind, hatten damals durchaus ihre Berechtigung. Wenn du bedenkst, dass es zu Anfang des 20sten Jahrhunderts noch keine Gleichberechtigung gab, und die Existenzgrundlage primär durch den Mann gesichert wurde, war es wichtig und gesellschaftlich anerkannt, männliche Erben zu bekommen. Diese waren auch für die Versorgung der Eltern im Alter verantwortlich. Entsprechend wurde dieses Geschlecht in der Erziehung mehr gefördert, als der weibliche Nachwuchs. Das Selbstbild der Menschen in dieser Zeit war von diesen Grundsätzen außerordentlich geprägt. Jungs mussten stark sein, sie durften nicht weinen und sollten sich auch mal mit den Fäusten durchsetzen. Mädchen mussten vor allem fleißig, folgsam und ordentlich sein, damit sie Anerkennung und Lob durch ihre Umwelt erhielten. In weniger fortschrittlichen Kulturen kannst du heute immer noch dieses Rollenverhalten erkennen.

Im 21sten Jahrhundert setzten sich andere Werte und Normen durch. Eine Person wird nicht mehr nach ihrem Geschlecht beurteilt, sondern nach ihren Talenten und sozialen Kompetenzen. Durch eine bessere Bildung erweiterten sich die Möglichkeiten, sein Leben individuell zu gestalten und mit vielen verschiedenen Menschen in Kontakt zu kommen. Daher werden heute andere Fähigkeiten benötigt. Dazu konzentrieren wir uns auf eine starke Psyche und hohe soziale Kompetenzen. Wir sind nicht mehr auf einen begrenzten geografischen Wirkungskreis beschränkt, sondern können, mithilfe der Digitalisierung, weltweit agieren, obwohl wir in einem kleinen Dorf leben.

Als Mutter und Tagesmutter möchte ich ein Kind natürlich bestmöglich fördern, damit es all seine Talente entwickeln kann. Weiterhin möchte ich ihm ein Gefühl von Gemeinschaft und Familie vermitteln, welches ihm starke Wurzeln in seiner Persönlichkeit gibt. Es soll selbstbewusst sein, fröhlich und ausgeglichen. Ich möchte jedem Kind zeigen, wie toll und einzigartig es ist, und gleichzeitig soll es die Einzigartigkeit anderer Menschen anerkennen können. Ein schönes Idealbild, welches nicht immer einfach zu vermitteln ist.

Alltagsstress

Im Alltag habe ich oft-
mals das Gefühl, nicht
genügend Zeit zu ha-
ben, und manchmal bin
ich einfach zu müde, um
die nötige Geduld auf-
zubringen.

Unser Alltag wird heute
von völlig anderen Her-
ausforderungen bestimmt als noch vor 50 Jahren. Heute ist es normal,
dass beide Elternteile gleichwertig auf finanzieller, organisatorischer
und emotionaler Ebene für die Versorgung und Betreuung der Familie
zuständig sind. Als Tagesmutter konnte ich beobachten, dass Mutter
und Vater sich alle Aufgaben eines Familienlebens gleichberechtigt
aufteilen. Doch durch diese Aufgabenteilung muss sich das Kind sehr
früh einem Tagesablauf unterordnen, der häufig nicht seinem Entwicklungsstand entspricht. So kann leicht Stress entstehen, der nicht selten
zum normalen Alltag für alle Beteiligten wird.

Insbesondere die Zeitplanung ist bei plötzlichem Stress schwierig. Wird
das Kind spontan krank, ist die Kita geschlossen oder sprengt ein wichtiger Termin den Tagesplan, entsteht unweigerlich Stress.

Aber auch, wenn alles reibungslos funktioniert, ist der Alltag für alle
sehr anstrengend. Ein trotziges Kind, das sich nicht in diesen Zeitplan
einfügen möchte, stellt für Mutter / Vater häufig eine große Herausforderung dar.

Gerade, wenn der nächste Termin sehr wichtig ist, reagieren wir gestresst auf ein trotziges Verhalten. Kennst du die folgende Situation?

Das Kind ist in die neue Betreuung eingewöhnt. Die Mutter plant den Wiedereinstieg in das Berufsleben und hat heute ihren ersten Arbeitstag. Verständlicherweise ist sie aufgeregt. Das Outfit wird sorgfältig ausgesucht, das Makeup wird sorgsam aufgelegt, Stimme und Atmung sind erregt.

Das Kind möchte aber nicht in die Betreuung! Gestern war noch alles in Ordnung, aber heute ist alles doof. Der Aufenthalt in der Kita / bei der Tagesmutter scheint heute unzumutbar. Es macht seinem Unmut Luft, indem es weint, schreit und sich konstant weigert, sich anzuziehen.

Zunächst wird die Mutter versuchen, das Kind mit Geduld und den üblichen Ritualen davon zu überzeugen, den vorher besprochenen Plan durchzuziehen. Doch das Kind scheint völlig taub für ihre Argumente. Genervt zwingt die Mutter das Kind in die Klamotten, klemmt es unter ihren Arm und drückt es mit Gewalt in das Auto. Mit viel Geschrei und Tränen geht es dann zur Kita / Tagesmutter.

Prompt meldet sich das schlechte Gewissen lautstark auf der Schulter der Mutter. Es schreit ihr ins Ohr: „Du bist eine schlechte Mutter. Du stellst deine Bedürfnisse über die deines Kindes. Überlege mal, was du damit deinem Kind antust!" Diese oder andere Vorwürfe kann das schlechte Gewissen unermüdlich in Endlosschleife wiederholen.

Egal, ob es diese Situation oder eine andere ist, die den Druck im Alltag fast unerträglich macht: Meiner Erfahrung nach ist es gerade das schlechte Gewissen, das den Stress noch verstärkt. Du hast das Gefühl, überfordert zu sein, keine Luft mehr zu bekommen und alles falsch zu machen. Und genau dieses Gefühl lässt dich die Geduld verlieren. Dein Kind hat bereits viel früher gemerkt, dass du unausgeglichen bist. Es spürt und sieht, dass du gestresst bist.

Aber auch andere Dinge spielen eine Rolle, wenn wir uns über Alltagsstress unterhalten:

- Müdigkeit,
- Hunger und
- mangelnde Konzentration

sind einflussreiche Faktoren, wenn eine Situation im Alltag eskaliert. Wenn der Biorhythmus im Keller ist, können wir nicht mehr adäquat reagieren. Auch dein Kind ist diesen Einflüssen ausgesetzt. Als instinktgesteuertes Wesen reagiert es mit Verweigerung und Trotz darauf. Du, als Erwachsener, hast dich gegenüber anderen Menschen meist unter Kontrolle und kannst deine Reaktionen einigermaßen steuern. Aber dein Kind lässt seinen Unmut rücksichtslos raus. Wenn das so ist und wenn dein Kind dazu sehr temperamentvoll ist, sind wir schnell versucht, die Ursache des Stresses im Kind zu suchen. Das wäre nicht fair. Wenn der Alltagsstress wie ein Mühlstein um deinen Hals liegt, und dein Kind sich allem verweigert, ist das ein klares Anzeichen dafür, dass ihr mehr Ruhe und einen besseren Rhythmus in eurem Tagesablauf braucht. Es ist zu viel. Anstatt den Tagesplan mit allen Mitteln durchzusetzen, solltest du innehalten und durchatmen. Lass dich von deinem Kind inspirieren und *an die Hand nehmen*. Vergesst euren heutigen Tagesplan und gönnt euch etwas Ruhe.

Überlege, ob und wie du den Alltag für euch entspannter gestalten könntest.

- Gibt es Freizeitaktivitäten, in denen dein Kind häufig trotzt? Bspw. der Schwimmkurs am Nachmittag, das Kinderturnen oder die Musikförderung?
- Hat dein Kind kurz vorher Anzeichen von Müdigkeit gezeigt?
- Wie fühlst du dich gerade?
- Kannst du den Tagesablauf anders gestalten? Kannst du Aufgaben delegieren oder auf einen anderen Tag verlegen, an dem ihr mehr Zeit habt?
- Zeigt sich dein Kind häufig am Morgen bockig und macht Stress, wenn ihr das Haus verlassen wollt? Du kannst euch mehr Zeit verschaffen, indem du 30 Minuten früher aufstehst. Morgendlicher Stress lässt sich dadurch enorm reduzieren.
- Hat dein Kind abends Schwierigkeiten, zur Ruhe zu kommen und ins Bett zu gehen? Vielleicht ist es noch nicht richtig müde. Möglicherweise möchte es noch etwas das Gefühl von zu Hause genießen, bevor es schlafen geht. In dem Fall kannst du euren Nachmittag vornehmlich zu Hause verbringen, sodass dein Kind einen richtigen *Feierabend* empfindet, weil du Feierabend hast.

Anhand dieser Beispiele erkennst du sicher bereits, worauf ich hinaus möchte: Du kannst euren Alltag entspannen, indem du ihn etwas entschleunigst. Nimm Aktivität heraus und achte auf mehr Gleichmäßigkeit und Ruhe. Dein Kind zeigt dir genau an, was ihm zu viel ist und wann eine Aktivität nicht passt.

Dazu kann es hilfreich sein, wenn du dir Notizen über die Wutanfälle deines Kindes machst oder dich mit deinem Partner oder einer Freundin austauscht. Manchmal sind wir so sehr damit beschäftigt, alles zu schaffen, alles richtig zu machen und die perfekte Familie zu sein, dass es echt anstrengend wird. Dein Kind ist da ein gutes Stimmungsbarometer. Lass dich von ihm inspirieren und gib deinen Perfektionismus auf. Danach wird es viel einfacher werden, mit deinem Kind zu kommunizieren.

Wie wichtig ist die Kommunikation in der Erziehung?

Wenn dein Kind trotzt und so richtig in seiner Hochphase ist, ist es wichtig, dass du nicht mit gleichen Mitteln auf seine Trotzanfälle reagierst.

Dein Kind wehrt sich. Es verhält sich wie ein Teenager, stellt sich gegen alles und jeden und ist völlig immun gegenüber Argumenten. Meiner Erfahrung nach ist das vor allem ein Verhalten, das aus Unsicherheit heraus entsteht.

Dein Kind spürt gerade ein starkes Gefühl, das mit einem Wunsch oder einer Idee zusammenhängt und dem entgegensteht, was du gerade möchtest, vorhast oder geplant hast. Es ist im Moment mit diesem Gefühl überfordert. Sein Charakter oder sein Temperament sind ausschlaggebend für die Intensität seiner Wutausbrüche.

Ein Beispiel: In meiner Kindertagespflege kam es im Herbst / Winter häufiger vor, dass ein Kind morgens nicht zu uns wollte. Es wollte lieber zu Hause bleiben und mit Mama kuscheln. Ich führte das darauf zurück, dass es im Herbst draußen morgens noch dunkel und ungemütlich ist. Im Frühling / Sommer locken die Sonne und die Vögel. Im Herbst lieben es die meisten Menschen, gemütlich mit einer Tasse Tee auf dem Sofa sitzend zuzusehen, wie der Wind die Blätter von den Bäumen weht. Natürlich versteht ein Kind mit 30 Monaten noch nicht, dass Mama arbeiten muss, und es deshalb bei mir bleiben muss. Je nach Temperament reagiert das Kind lautstark und dramatisch, wenn Mama sich morgens verabschiedet.

Diesbezüglich sind mir vor allem zwei Kinder in Erinnerung geblieben. Bei beiden Kindern war zu der Zeit die familiäre Situation gerade schwierig. Bei dem einen Kind war die Mutter alleinerziehend und arbeitete im Schichtdienst, bei dem anderen Kind war die Mutter mit dem Geschwisterchen hochschwanger und die Familie war gerade in eine größere Wohnung umgezogen. Für beide Kinder war die Zeit zu Hause also gerade schwierig, und Gefühle wie Verunsicherung, Verlustangst und die Sehnsucht nach Geborgenheit standen im Mittelpunkt ihres Gefühlschaos. Beide Kinder besaßen ein lebhaftes und grundsätzlich fröhliches Temperament. Aber in der Hochblüte der Trotzphase zeigte sich dieses Temperament eben von der anderen Seite.

Sie waren sehr laut, weinten viel und eindringlich, verhielten sich phasenweise aggressiv gegenüber anderen Kindern und mir. Ständig suchten sie nach Gründen, weshalb sie ihren Frust ablassen konnten. Für die ganze Gruppe und für mich war diese Zeit sehr anstrengend. Hätte ich allerdings mit Druck, Disziplin und Strafe auf die Trotzanfälle reagiert, hätte sich die Situation nur weiter hochgeschaukelt.

Druck erzeugt immer Gegendruck. Wenn du versuchst, ein Kind - vor allem ein Kind mit einem starken Willen - in eine Form oder in eine Situation zu pressen, wirst du Gegendruck von seiner Seite spüren. Das Kind ist mit jeder Faser seines Bewusstseins in dem Gefühl des Leids und Frust gefangen. Es reagiert 100 % authentisch. Jetzt ist es wichtig, dass du einfühlsam und ruhig darauf eingehst.

Es geht dabei nicht nur um die verbale Kommunikation. Es geht vor allem um die nonverbale Kommunikation, also um deine Mimik und Gestik. Das Kind schreit und tobt. Es ist sinnlos, in der gleichen Lautstärke darauf zu reagieren. Aber irgendwie reagieren musst du, um deinem Kind aus seinem Gefühlsloch herauszuhelfen.

Mir hat in dieser Situation geholfen, den Gefühlsausbruch nicht persönlich zu nehmen. Das Kind meint nicht mich persönlich, wenn es trotzt. Es will mir nichts Böses und lehnt mich auch nicht ab. Es ist verunsichert, fühlt sich allein und ist überwältigt von der Intensität seines Gefühls. Was es jetzt braucht, ist eine Bezugsperson, die ihm hilft, sich wieder zu beruhigen und aus dem Tief wieder aufzutauchen.

Vor allem ist es jetzt wichtig, dem Kind die Aufmerksamkeit zu geben, die es gerade braucht. Einige Kinder wollen sich an einer starken Schulter ausheulen und krallen sich an dir fest. Andere brauchen Platz zum Trotzen und Schreien, um die Energie rauszulassen. Das ist abhängig von der Situation, dem Temperament und deinem eigenen Befinden.

Ja, genau. Ich spreche von deinen Gefühlen. Denn du sollst dein Kind aus der Trotzphase herausführen. Also beachte auch dein eigenes Innenleben.

Vielleicht hast du gerade deine Periode oder Kopfschmerzen und fühlst dich nicht gut. Vielleicht hast du selbst gerade sehr viel Stress bei der Arbeit oder mit deinem Partner, und bist emotional angeschlagen. Vielleicht hast du dich mit deiner Mutter gestritten oder hast sonst irgendeinen Grund, weshalb du dich selbst jetzt am liebsten neben dein Kind legen würdest und genauso trotzig reagieren möchtest. Du bist auch nur ein Mensch und kannst die Gefühle deines Kindes so gut nachvollziehen. Genau das ist der Schlüssel raus aus der Trotzphase.

- Gib den Kampf auf. Hör auf, dich dagegen zu wehren. Im Moment kommst du mit Regeln oder Autorität nicht weiter. Nimm die Situation an, wie sie ist, egal wo du dich gerade befindest. Ertrage es einfach.
- Verschaffe dir Zeit. Sofern du nicht gerade in einer gefährlichen Situation bist - mitten im Berufsverkehr oder auf der Rolltreppe in der Shoppingmall - atme aus, und lass Zeit vergehen. Konzentriere dich auf deine Atmung. Sie gibt dir das Gefühl zurück, dass du genug Platz und Zeit hast. Mit einem langen Atemzug (Ein- und Ausatmung) entspannst du und spürst dich innerlich wieder. Denk nicht daran, was du als Nächstes tun müsstest. Sei einfach da und nimm den Druck aus der Situation.
- Beobachte dein Kind und gib ihm den Raum, den es gerade braucht. Wenn es sich auf den Boden werfen möchte, um zu schreien und zu strampeln, dann achte darauf, dass es sich oder andere nicht verletzen kann. Bleibe in seiner Nähe. Wenn es deine Schulter zum Ausheulen braucht, gib sie ihm und nimm es fest in den Arm. Bleibe stets passiv, d. h. zeige ihm in dieser Phase keine Alternativen oder Lösungsvorschläge auf. Das kommt später. Im Moment geht es nur darum, dein Kind zu beobachten, um

den richtigen Zeitpunkt zu erkennen, an dem es wieder ansprechbar ist. Dazu musst du es beobachten und dich nach Möglichkeit selbst beruhigen.

Für etwas anderes ist ein willensstarkes Kind in der Hochphase des Trotzes eh nicht empfänglich.

Einige Kinder verkrampfen sich sogar, während sie trotzen. Es kann vorkommen, dass sie nicht mehr richtig atmen können, blau anlaufen oder kurz ohnmächtig werden. In den meisten Fällen hängt das mit dem Gefühlsausbruch zusammen und hat keine klinische Ursache. Trotzdem solltest du es von einem Kinderarzt abklären lassen, insbesondere wenn das häufig vorkommt oder dein Kind wirklich ohnmächtig geworden ist.

Wenn sich langsam alles wieder beruhigt hat, kannst du mit deinem Kind wieder reden. Dabei ist es wichtig, Augenkontakt zu halten.

Wir können unsere Augenbewegung nicht bewusst steuern. Dein Kind beobachtet dich aber schon, seitdem es auf der Welt ist. Es orientiert sich an deiner unbewussten Mimik und an deiner Stimme. Ein fester Augenkontakt zwingt ihn auf sanfte Weise, sich auf dich zu konzentrieren. Das vermittelt ihm Sicherheit und es kommt wieder zur Ruhe.

Das wichtigste in dieser Situation, gleich was vorher geschah, ist, dass dein Kind sich wieder sicher fühlt. Unsicherheit, Frustration und Ohnmacht waren der Auslöser seines Trotzanfalls. Indem du ruhig bleibst und die Situation annimmst, wie sie ist, gibst du ihm die Sicherheit, dass du immer da bist.

Jetzt kannst du mit deinem Kind wieder sprechen. Auf die weitere Kommunikation gehe ich im Folgenden näher ein.

Deshalb: Strafe dein Kind nicht, wenn es wütend ist. Wende dich nicht ab, sondern gib ihm ein Gefühl der Anteilnahme, egal wie peinlich dir gerade die Situation ist.

Peinlichkeiten

Wenn uns etwas peinlich ist, ist es uns unangenehm, mit einem Verhalten oder einer Situation in Verbindung gebracht zu werden. Bezogen auf die Trotzphasen deines Kindes könnte man, glaube ich, ganze Bibliotheken mit entsprechenden Geschichten füllen.

- Der Trotzanfall im Supermarkt oder im Einkaufszentrum, weil das Kind auf die Marketingmaßnahmen des Herstellers stark reagiert.
- Der Trotzanfall im Schwimmbad, wenn das Kind sich nicht duschen möchte oder nicht aus dem Wasser kommen möchte.
- Der Trotzanfall auf der Straße, wenn dein Kind sich wegen einer Kleinigkeit auf den Boden wirft.
- Der Trotzanfall in der Kita, wenn dein Kind mit seiner ganzen Macht dein schlechtes Gewissen bedient.

Es gibt unzählige Situationen. Allen gemeinsam ist, dass sie dir persönlich peinlich sind, weil du nicht weißt, wie du darauf reagieren sollst. Was sollst du tun, wenn dein Kind sich vehement dagegen wehrt, im Schwimmbad unter die Dusche zu gehen? Wie sollst du reagieren, wenn dein Kind morgens in der Kita weint und dich nicht gehen lassen will? Wie gehst du damit um, wenn dein Kind sich einfach auf die Straße wirft und so tut, als ob es um sein Leben schreit? Dabei ging es doch lediglich darum, ob es zuhause noch seine Lieblingssendung schauen darf, bevor es Abendessen gibt.

Unabhängig davon, was den Trotzanfall verursacht hatte, zu Hause ist er logischerweise weniger unangenehm als in der Öffentlichkeit. Du bist zwar nicht weniger ratlos, wenn du mit deinem Kind allein bist, aber wenn du dich beobachtet fühlst, wird die Situation durch die persönliche Scham verschärft. Was sollen die anderen Leute denken? Bestimmt denken sie, ich würde mit meinem Kind nicht klarkommen.

Auch ich habe in meinem Job als Tagesmutter viele Situationen erlebt, die mir peinlich waren und wofür ich mich geschämt habe, weil ich das Kind nicht beruhigen konnte. Die Menschen auf der Straße achten viel mehr auf eine Tagesmutter mit mehreren Kindern als auf eine Mutter mit einem Kind.

Beispielsweise ging ich öfters mit meinem Krippenwagen und 5 Kindern über den Wochenmarkt. Manchmal war ein Kind müde und konnte nicht mehr sitzen, deshalb weinte es laut. Ich konnte ihm die Situation gerade nicht ersparen, es musste den Einkauf einfach durchhalten. Meine Umgebung wusste nicht, warum dieses kleine, süße Ding so herzerweichend weint. Sie wusste schon gar nicht, warum ich nicht meine ganze Aufmerksamkeit auf dieses Kind lenkte. Kinderlose finden es oftmals spannend, zu beobachten, wie ich mit 5 Kindern im Kinderwagen umgehe. Mütter mit kleinen Babys, suchen gezielt nach Möglichkeiten, in denen sie sich vorstellen können, wie ihr kleiner Schatz in ein paar Monaten in einer solchen Krippengruppe aussehen könnte. Peinliche Situationen waren mir immer persönlich und auch aus beruflichem Ehrgeiz unangenehm.

Eigentlich ist das auch alles, was in diesen peinlichen Momenten passiert: Es ist dir selbst unangenehm! Mehr nicht.

Die Art, wie wir einen Augenblick empfinden, ist zu 100 % persönliche Wahrnehmung, die von unserem eigenen Selbstbild geprägt ist. Welches Bild möchtest du in der Öffentlichkeit präsentieren? Wie möchtest du wahrgenommen werden? Was sollen die Leute von dir halten?

Bei der Beantwortung dieser Fragen spielen unsere eigenen Wertvorstellungen und Glaubenssätze eine große Rolle, und wie gut du diese mit deiner eigenen Selbstwahrnehmung in Einklang bringen kannst. Die Menschen in deiner Umgebung können einen völlig anderen Eindruck von der Situation haben, als du es dir gerade vorstellen magst.

Die meisten Frauen sind selbst Mütter und kennen diese Situationen noch gut von ihren eigenen Kindern. Viele Menschen empfinden es weder unangenehm noch peinlich, wenn sie ein kleines trotzendes Kind beobachten. Diejenigen, die sich dadurch belästigt fühlen, drehen sich schnell weg und suchen sich einen anderen Weg.

Natürlich gibt es auch die "Besserwisser", die dir ihre Meinung unbedingt mitteilen müssen, und überzeugt davon sind, dass sie dir in dieser schwierigen Situation mit einem Kommentar weiterhelfen können. Meiner Erfahrung nach sind die zum Glück eher selten. Die meisten Mitmenschen können gut nachvollziehen, wie du dich gerade fühlst.

Ich habe mich immer extrem unwohl gefühlt, wenn eines meiner Tageskinder in der Öffentlichkeit geweint hat und ich es nicht beruhigen konnte. Natürlich habe ich mich um das Kind gekümmert. Ich habe geprüft, warum es gerade weint, ob es sicher sitzt, ob es Schmerzen hat oder ob ich ihm sonst wie helfen kann. Aber es gibt nun mal Tage, da hilft alles nichts: kein Naseputzen, kein Singen, keine Bestechung mit Obst oder einer Scheibe Wurst. Das Kind weint im Moment nun mal, basta.

Ich kann das Kind verstehen. Vielleicht hatte die Mutter es an diesem Tag später gebracht, weil es bereits zu Hause Stress gab oder vorher noch ein Kinderarzt-Termin war. Vielleicht hatte das Kind die Nacht schlecht geschlafen und ist jetzt müde. Ein müdes Kind kann sich nicht so gut im Krippenwagen halten, wie in einem Kinderwagen, wo es sich entspannen kann. Vielleicht hat ein anderes Kind das weinende geärgert oder es hat sonst einen anderen Grund. Aber all mein Verständnis kann die Situation im Moment nicht ändern. Wir müssen einfach da durch.

In dieser Situation ist es besonders wichtig, dass du die Ruhe behältst. Es bringt niemandem etwas, wenn du nervös wirst und versuchst, die Situation schnellstmöglich abzuwürgen. Je mehr du versuchst, dein Kind zur Ruhe zu bringen, umso stärker wird es sich dagegen wehren.

Deinem Kind ist diese Situation überhaupt nicht peinlich. Wie denn auch, es weiß ja noch nicht einmal, was Peinlichkeit bedeutet. Dein Kind ist zu 100 % im Jetzt und vollauf mit seinen Gefühlen beschäftigt. Für es erscheint diese Situation real und bedrohlich. Seine Realität wird vollauf von seiner Emotion bestimmt. Wie ich oben beschrieben habe, ist es gerade der Konflikt zwischen dem Ich und dem Über-Ich, den es bewältigen muss. Das Gefühl der Hilflosigkeit, Frustration und das Realisieren der Grenzen fordert seine gesamte Energie und Tatkraft. Mit seiner Umwelt möchte es im Moment nichts zu tun haben.

Je nachdem, wo dein Kind gerade seinen Trotzanfall auslebt, kann es sein, dass du trotzdem zum Handeln gezwungen bist. In der Straßenbahn habt ihr jetzt eure Haltestelle erreicht und müsst aussteigen. Du kannst jetzt nicht abwarten, bis der Trotzanfall vorbei ist. Du musst jetzt deine Siebensachen und dein Kind schnappen und die Bahn verlassen. Scheue dich nicht, andere Menschen um Hilfe zu bitten. Allein der Lärmpegel wird dafür sorgen, dass um dich herum viele Menschen sind, die dabei gerne helfen, den Kinderwagen mit rauszuschieben oder deine Einkaufstasche nach draußen zu stellen. Oder du sitzt in einem Vortrag und das Weinen deines Kindes stört die gesamte Zuhörerschaft. Dann kannst du nur dein Kind unter den Arm klemmen und den Raum so schnell wie möglich verlassen.

Immer, wenn dein unverzügliches Handeln nicht erforderlich ist, warte ab und konzentriere dich darauf ruhig zu bleiben. Je ruhiger und gelassener du reagierst, umso schneller kann und wird sich auch dein Kind beruhigen.

Wichtig in dieser Situation ist es, dass dein Kind deine Aufmerksamkeit hat. Beobachte es, schütze es vor Gefahren oder Verletzungen und sei präsent. Unterhalte dich nicht mit anderen Leuten, die dir vielleicht gerade von ihren eigenen Erfahrungen mit ihren Kindern berichten möchten. Versuche auch nicht, deine Umwelt von der Situation wegzulenken, indem du rufst: „Bitte gehen sie weiter, hier gibt es nichts zu sehen!". Ignoriere sie einfach. Dein Kind braucht jetzt deine ungeteilte Aufmerksamkeit. Wenn es in diesem Moment das Gefühl hat, allein zu sein, wird das seinen Frust nur noch verstärken. Ein trotzendes Kind sucht nach Orientierung, Halt und Geborgenheit. Das Gefühl von Isolation und Verlassen sein verschlimmert nur noch alles. Sollten Kommentare von anderen Passanten kommen, ignoriere diese. Bleibe ruhig, sei einfach da und warte ab.

Ich bin mir bewusst, wie seltsam sich das gerade für dich anhören muss. Probiere es aus: Wenn du diesen Tipp befolgst, wird sich die Situation schneller beruhigen und es wird dir leichter fallen, konsequent zu bleiben.

Jeder ist bemüht, einen Trotzanfall möglichst schnell zu beenden. Aber darum geht es gar nicht. Für dein Kind stellt jeder Trotzanfall eine Lerneinheit dar. Das in ihm aufkommende Gefühl, das im Konflikt mit den allgemeinen Regeln steht, hat für es persönlich immer einen guten Grund. Dein Kind entwickelt gerade seine Fantasie und seine zeitliche Vorstellungskraft. Nur das Verlangen, etwas jetzt zu tun oder es eben nicht zu tun oder etwas zu haben und die Überzeugung es sonst nie wieder tun oder haben zu können, bringen es in diesen Konflikt. Ihr beide habt jetzt die Chance, diesen Moment zum Lernen und Wachsen zu nutzen.

Vielleicht erkennst du dich in dem folgenden Beispiel auch wieder: Ihr geht zusammen einkaufen und dein Kind möchte unbedingt diesen kleinen Einkaufswagen allein schieben. Das kann es aber, ohne größere Unfälle zu riskieren, eben allein noch nicht. Daher lehnst du ab. Entweder sagst du nur kurz „Nein", oder du erklärst deinem Kind, warum es den Einkaufswagen nicht allein schieben kann. Das Ergebnis wird dasselbe sein: Dein Kind beginnt zu weinen. Wenn auch das nicht hilft, wirft es sich auf den Boden und tobt. Dir, als Mutter, ist dieses Verhalten in der Öffentlichkeit sehr unangenehm und deshalb gibst Du nach. Das Kind bekommt den Einkaufswagen.

Was können wir daraus lernen? Dein Kind hat ein bestimmtes Bedürfnis. Hier ist es der Einkaufswagen. Der Konflikt entsteht, indem du dies verneinst. Es fängt an zu weinen, toben oder schreien. Gibst du diesem Verhalten nach, hat dein Kind ein Erfolgserlebnis. Sein Verhalten führte schließlich zum gewünschten Ergebnis: Es bekommt den Einkaufswagen. Da es mit dieser Strategie Erfolg hatte, wird dein Kind dieses Verhalten zukünftig öfter anwenden. Darüber hinaus wird dein Kind diese Strategie in immer mehr Situationen austesten.

Wenn du also möchtest, dass es mit der Zeit weniger Diskussionen geben soll, oder, dass diese sich nicht stets so dramatisch entwickeln sollen, solltest du unbedingt konsequent in deinem Handeln bleiben. Nur so lernt dein Kind, dass ein Wutausbruch nicht zum gewünschten Erfolg führt. Und du lernst dabei, dass du die Situation schnell entspannen kannst, wenn du ruhig und konsequent bleibst.

Du hast also 2 der wichtigsten Verhaltensregeln gelernt:

- bewahre die Ruhe!
- bleibe konsequent!

Trotzanfälle haben es so an sich, dass sie immer im falschen Moment geschehen. Immer, wenn du es gerade eilig hast, ihr spät dran seid oder du selbst müde bist, scheint das ein willkommener Zeitpunkt für einen Trotzanfall in der Öffentlichkeit sein. Warum ist das so? Häufig spürt dein Kind eben, dass du gestresst bist. Für das Kind bedeutet das: Es ist etwas nicht in Ordnung! Es spiegelt einfach nur das wider, was es empfindet. Der Auslöser für den Trotzanfall ist dann oft nur eine Bagatelle. Dein Kind macht daraus eine Oper, wie sie Richard Wagner nicht besser hätte erschaffen können.

In der Prägungs- und Autonomiephase ist dein Kind sehr sensitiv für deine Emotionen. Es beobachtet dich ständig und hat seit seiner Geburt gelernt, wie ein Profiler deine Mimik und Gestik zu lesen. Zusätzlich seid ihr beide noch emotional sehr fest miteinander verbunden.

Die spirituelle Nabelschnur, die in den ersten Jahren zwischen Mutter und Kind besteht, ist noch sehr stark. Genauso, wie du intuitiv weißt, was dein Kind braucht oder wie es ihm geht, spürt auch dein Kind, wie du dich fühlst. Es reagiert verunsichert, da es nicht versteht, warum du im Moment müde und gestresst bist, ihr aber trotzdem einkaufen geht. Damit sich das emotionale Gleichgewicht des Kindes wiederherstellen kann, ist es wichtig, dass deine Reaktion angemessen ist. Lass mich das näher beschreiben:

Der obige Trotzanfall im Supermarkt neigt sich langsam dem Ende zu. Dein Kind wird ruhiger und wartet jetzt darauf, wie es weiter geht. Es weiß nicht, wie es diese Situation auflösen soll. Nun ist es wichtig, dass du ihm zeigst, wie man Konfliktsituationen übersteht.

Biete ihm deinen Körperkontakt an, wenn du merkst, dass es langsam dafür bereit ist. Nimm es in den Arm. Zeige ihm, dass es nicht allein ist. Das ist an diesem Punkt sehr wichtig. Auch dein Kind empfindet nun eine gewisse Scham. Es weiß nicht, ob du böse auf es bist und was als Nächstes kommt.

Wenn du das Gefühl hast, mit deinem Kind wieder reden zu können, frag es einfach, ob es sich jetzt besser fühlt. Damit eröffnest du eine kleine Unterhaltung. Dein Kind kann dir jetzt sagen, was ihm auf der Seele liegt und wie es sich gerade fühlt oder was es jetzt braucht. Wenn es immer noch weint, wirst du merken, wie dieses Weinen nun entspannter und befreiender wird. Es ist keine Wut mehr darin.

Hat es sich beruhigt, kannst du ihm eine Lösung anbieten. Du kannst z. B. fragen: „Können wir jetzt weiter einkaufen?" Dein Kind wird erleichtert und fröhlich zustimmen und sich im weiteren Verlauf richtig

Mühe geben, alles richtig zu machen. Genau diese Motivation kannst du gut brauchen.

Gib deinem Kind eine Aufgabe. Bitte es dir zu helfen, den Einkauf in die Tüten zu packen. Oder überlegt gemeinsam, was euch noch fehlen könnte. Auch wenn sich der Trotzanfall nicht im Supermarkt abgespielt hat, sondern irgendwo anders in der Öffentlichkeit, kannst du nach etwas suchen, was dein Kind jetzt tun kann. Damit lenkst du seine Konzentration auf etwas, das wichtig für die Gemeinschaft ist; in diesem Fall für die Familie. Dein Kind ist ein wichtiger Teil dieser Gemeinschaft und trägt gerade seinen Anteil daran.

Wenn ihr wieder unter euch seid, solltest du mit deinem Kind besprechen, was vorhin passiert ist; wie es aus seiner Sicht dazu gekommen ist, warum es so heftig reagiert hat und wie ihr in Zukunft damit umgehen könnt.

Auch wenn dein Kind sich noch nicht so ausdrücken kann wie ein Erwachsener und keine geschlossene Argumentationskette ausformuliert, kann es dennoch beschreiben, wie es sich fühlt. Mit diesem Gespräch gibst du ihm die Gelegenheit, sein eigenes Verhalten noch einmal zu erleben und selbst zu beurteilen.

Anschließend würde ich dir empfehlen, diese Situation nicht mehr mit anderen Menschen zu besprechen, sofern es nicht unbedingt notwendig ist.

Falls du später mit deinem Partner darüber sprichst, wie anstrengend das Einkaufen mit deinem Kind mal wieder war und dass du langsam nicht mehr weißt, wie es weiter gehen soll, wird das deinem Kind unangenehm sein. Früher musste der Vater dann im Nachhinein nochmals schimpfen oder Strafen verhängen, damit das Kind „es endlich lernt". Für dein Kind ist dieses Ereignis längst abgeschlossen und Vergangenheit. Es versteht nicht, warum es sich Stunden später noch einmal mit dem Thema beschäftigen muss. Jetzt fühlt es sich schlecht, ohne dass es einen konkreten Bezug hat. Verstehst du den Unterschied?

Bei einem Gespräch direkt nach dem Wutanfall sind alle Gefühle und Emotionen für dein Kind noch präsent. Stunden später kann es sich kaum noch daran erinnern, dass es überhaupt einen Vorfall gegeben hat. Es hat noch nicht so ein langes Zeitempfinden. Es kennt den Unterschied zwischen morgen, gestern, heute Nachmittag oder Sonntag noch nicht. Anders als unmittelbar nach dem Vorfall kann es auch nicht mehr erklären, was zu diesem Wutanfall geführt hat. Daher sollte ein Trotzanfall direkt danach beendet sein.

Metamorphose in Kürze

Durch eine einfühlsame Betreuung und altersgerechte Unterstützung entwickelt das Kind eine Bindung und lernt, tiefe und anhaltende Beziehungen in seinem Leben aufzubauen. Diese Fähigkeit ist außerordentlich wichtig für sein Erwachsenenleben. Wenn ein Mensch gelernt hat, Vertrauen zu einer anderen Person aufzubauen und eine Beziehung mit ihren Höhen und Tiefen zu führen, ist er auch in der Lage, seine persönlichen Bedürfnisse wahrzunehmen und angemessen anzunehmen.

Dein Kind benötigt es im Trotz deine Führung und Hilfe, damit es lernen kann, selbständig seine Emotionen zu regulieren. Du musst dein Kind also anleiten, indem du ihm aufzeigst, welches Verhalten du möchtest und welches nicht. Ziel ist es, dass es deinem Kind gelingt, sein emotionales Gleichgewicht zu finden. Es soll vom unkontrollierbar emotionalen Handeln zum bedacht kontrollierten Handeln kommen.

Im Spiel mit anderen Kindern lernt dein Kind u. a.:

- zu kommunizieren,
- Konflikte auszutragen,
- sich gemeinsam für eine Sache einzusetzen,
- sich in die Situation und Gefühlswelt des anderen zu versetzen (Empathie)
- Toleranz.

Wichtig ist es, dass du dir mit deinem Partner über eure Erziehungsziele und euren Erziehungsstil einig bist. Bildet eine gute Elterneinheit und findet euren eigenen Weg in der Erziehung eures Kindes. Um eure Ziele, Vorstellungen und Erziehungsstile umsetzen zu können, müsst ihr in eurer eigenen Kompetenz (Selbstwirksamkeit) vertrauen können.

Das Verhalten, das wir bei unseren Kindern erreichen möchten, müssen wir ihnen vorleben. Wir Eltern müssen unseren Kindern so begegnen, wie wir es von ihnen verlangen. Anhand von Vorbildern lernen die Menschen Verhaltensweisen und Einstellungen gegenüber anderen Personen, Objekten, Sachverhalten, Vorurteilen, Verhaltensvorschriften usw. kennen.

Grenzen sollten stets gut überlegt und sparsam und nicht nach Launenhaftigkeit und Willkür festgelegt werden. Wichtig ist, dass die gesetzten Grenzen unbedingt eingehalten werden, damit das Kind das gewünschte Verhalten erkennt, lernt und anwendet.
Du kannst euren Alltag entspannen, indem du ihn etwas entschleunigst. Nimm Aktivität heraus und achte auf mehr Gleichmäßigkeit und Ruhe. Dein Kind zeigt dir genau an, was ihm zu viel ist und wann eine Aktivität nicht passt.

Druck erzeugt immer Gegendruck. Wenn dein Kind tobt und schreit, ist es sinnlos in der gleichen Lautstärke darauf zu reagieren. Was es jetzt braucht, ist eine Bezugsperson, die ihm hilft, sich wieder zu beruhigen und aus dem Tief wieder aufzutauchen.

Wir können unsere Augenbewegung nicht bewusst steuern. Dein Kind beobachtet dich aber schon, seitdem es auf der Welt ist. Es orientiert sich an deiner unbewussten Mimik und an deiner Stimme. Ein fester Augenkontakt zwingt ihn auf sanfte Weise, sich auf dich zu konzentrieren. Das vermittelt ihm Sicherheit und es kommt wieder zur Ruhe.

Du hast also 2 der wichtigsten Verhaltensregeln gelernt:

- bewahre die Ruhe!
- bleibe konsequent!

Biete ihm deinen Körperkontakt an, wenn du merkst, dass es langsam dafür bereit ist. Nimm es in den Arm. Zeige ihm, dass es nicht allein ist. Wenn du das Gefühl hast, mit deinem Kind wieder reden zu können, frag es einfach, ob es sich jetzt besser fühlt. Damit eröffnest du eine kleine Unterhaltung.
Hat es sich beruhigt, kannst du ihm eine Lösung anbieten.

Gib deinem Kind eine Aufgabe.

Wenn ihr wieder unter euch seid, solltest du mit deinem Kind besprechen, was vorhin passiert ist; wie es aus seiner Sicht dazu gekommen ist, warum es so heftig reagiert hat und wie ihr in Zukunft damit umgehen könnt.

Gelegenheiten für Trotzanfälle

Trotz entsteht in alltäglichen Situationen, in denen das Kind auf Widerstand oder Forderungen von Außen trifft, die nicht mit seinen aktuellen Wünschen übereinstimmen.

Das Kind fühlt sich durch den Eingriff des Erwachsenen gestört oder in seiner Selbstständigkeit bedroht. Es stößt auf Grenzen, die es (noch) nicht akzeptieren kann. Zwischen seinem Es und seinem Über-Ich entsteht ein Konflikt. Ich will jetzt! Aber Mama will etwas anderes. Dein Kind reagiert sehr spontan und lässt sich gerne von seiner Umwelt beeinflussen. Es ist nicht ungewöhnlich, dass du anfangs gar nicht verstehst, weshalb dein Kind von jetzt auf gleich einen Trotzanfall hat.

In ihrem zweiten Lebensjahr möchten Kinder selbständiger werden. Sie wollen nicht mehr, dass die Erwachsenen alles für sie tun; sie möchten Tätigkeiten, wie z. B. das Anziehen, Tisch decken, die Haustiere füttern, selbst ausüben. Wenn dieses Vorhaben misslingt (oder du das gerade nicht erlauben kannst), kann sich der Frust in Trotz umwandeln. Du musst häufig mit Ver- und Geboten einschreiten und dein Kind in seinem Tatendrang bremsen. So wird dein Kind mit den Regeln, Grenzen und Standards der Erwachsenen konfrontiert. Seine zunehmende Autonomie gerät in Konflikt mit den Regeln seines sozialen Umfeldes.

Regelmäßige, schwierige Situationen

Im Tagesablauf gibt es viele Gelegenheiten, die einen Trotzanfall auslösen können:

- Das Kind wird im Vorhaben gestört (Spiel soll unterbrochen werden).
- Die Bedürfnisse des Kindes sind nicht erfüllt (Hunger, Müdigkeit).
- Das Kind ist von sich selbst enttäuscht.
- Die Erwartungen des Kindes, aufgrund von Gewohnheiten / Ritualen, werden nicht erfüllt.
- Misserfolg,
- Kinderstreit,
- Zurechtweisung,
- Spielzeugentzug,
- Konflikte zwischen kindlichem Wunsch und elterlichen Absichten.
- Wenn das Kind an der Ausübung seiner motorischen Fähigkeiten gehindert wird.

Du siehst, es gibt ständig Gelegenheiten für Trotzanfälle. Und du erkennst, dass das Trotzen lediglich ein Zeichen dafür ist, dass dein Kind unabhängiger werden möchte.

Als Tagesmutter war dies stets das Signal für mich, dem Kind die ersten kleinen Aufgaben zu übertragen und es mehr in den Alltag einzubinden. Ab diesem Zeitpunkt übertrug ich ihm Tätigkeiten, die nur dieses Kind machen durfte. Welche das waren, hing von seinen Talenten ab.

War ein Kind bspw. ordentlich und hat es geliebt, wenn sein Lieblingsspielzeug am richtigen Platz stand, war es genau dafür zuständig. Es war seine Verantwortung, beim gemeinsamen Aufräumen alle Autos in das Regal zu stellen.

War ein Kind sehr kommunikativ und redete den ganzen Tag, war es dafür zuständig, auf die Gruppe aufzupassen, wenn ich gerade nicht im selben Raum sein konnte (weil ich z.B. ein anderes Kind wickeln musste). Immer, wenn ein anderes Kind geweint hatte, fragte ich das kommunikative Kind, was gerade geschehen sei. Für ein 30 Monate altes Kind ist es nicht einfach, eine Handlung so zu erzählen, dass ein Erwachsener sie verstehen kann.

Auf den folgenden Seiten werden wir uns mit den häufigsten Alltagssituationen beschäftigen, in denen ein Kind trotzt. Ich werde dir aufzeigen, wie du darauf reagieren kannst.

Morgens / Die Zeit ist knapp

Der Klassiker unter den Trotzanfällen: Kinder mit 18 Monaten können sich bereits in ein Spiel hineinfallen lassen. D. h., sie lenken ihre ganze Aufmerksamkeit auf das Spielzeug und sind völlig versunken in ihrer eigenen Welt. Grundsätzlich ist das wünschenswert und schön anzusehen, wie dein Kind mit seiner Puppe / seinem Stofftier spielt oder mit den Legosteinen einen Turm baut. Aber morgens,

oder wenn du einen Termin oder Verabredung hast, musst du dein Kind unterbrechen. Was kannst du tun?

Gerade bei vorhersehbaren Situationen ist es wichtig, dass du die Zeit für dich nutzt. Obwohl dein Kind noch keine Ahnung hat, was Zeit überhaupt ist, ist es sehr wichtig, dass du ihm genügend Zeit gibst, damit es sich auf das nächste Ereignis einstellen kann. Ein Beispiel aus meiner Praxis:

Morgens bin ich nach dem Frühstück mit meinen Tageskindern immer gerne nach draußen gegangen. In meiner Umgebung gibt es viele, leicht erreichbare Spielplätze und Ausflugsmöglichkeiten. Damit wir genug Zeit an der frischen Luft hatten, war es wichtig, einen gewissen Zeitrahmen einzuhalten. Nur so konnten wir pünktlich zum Mittagessen wieder zurück sein. Unser Tagesablauf war durchorganisiert.

Als Erstes musste ich das Frühstück wegräumen, kurz sauber machen und die Kinder wickeln und anziehen. Dieser Ablauf war ein festes Ritual bei uns. Aber ich konnte ja nicht 5 Kinder gleichzeitig anziehen. Diejenigen, die zuerst angezogen waren, konnten noch spielen, bis die letzten fertig waren. Waren alle angezogen, rief ich fröhlich: "Bim Bam Boo-Abflug!" Das war für alle Kinder das Signal, das Spielen zu beenden und zur Tür zu kommen. Für alle? Nein! Denn wenn ein Kind gerade mitten in der Trotzphase war, gab es auch schon mal Diskussionen.

Vielleicht war dieses eine Kind gerade damit beschäftigt, einen Turm zu bauen oder zu schaukeln. Es wollte jetzt nicht raus gehen, wo es erst mal im Krippenwagen sitzen musste, bis wir den Spielplatz erreichten. Alle anderen Kinder warteten bereits an der Tür, um ihre Schuhe anzuziehen.

Um auch das "Trotzkind" von seinen Spiel weg zu bekommen, musste ich den Konflikt auf sanfte Weise auflösen. Dazu ist es wichtig zu wissen, wie sich die Situation aus der Sicht des Kindes darstellt.

Es hatte in diesem Moment gar nicht mehr daran gedacht, das Haus zu verlassen. In seinem Bewusstsein gibt es nur hier und jetzt. Obwohl die Ausflüge zu unserem normalen Tagesablauf gehörten und wir beim Frühstück gemeinsam überlegt hatten, was wir heute Vormittag machen werden, kommt es dem Kind in dem Moment so vor, als ob es völlig spontan wäre.

Sein Es-Bewusstsein hat das Ziel, sich weiter mit dem Spielzeug zu beschäftigen. Etwas anderes ist für das Kind gerade nicht wichtig. Grundsätzlich ist das ganz im Sinne des Über-Ichs, denn Spielzeug ist zum Spielen da. Da das Kind noch nicht zwischen Vormittag und Nachmittag unterscheidet, ist es völlig instinktgesteuert. Meine Aufforderung, jetzt zur Tür zu kommen und das Haus zu verlassen, scheint dem Kind im Moment also völlig absurd.

Berücksichtige ich diese Sichtweise, liegt die Lösung des Problems auf der Hand: Ich muss frühzeitig die Aufmerksamkeit des Kindes darauf lenken, dass wir gleich rausgehen. Wichtig ist, dass ich die Aufmerksamkeit des Kindes auf mich ziehe, auch wenn ich mich gerade nicht mit ihm beschäftige, und ihm damit Zeit verschaffe. Das erreiche wie folgt:

1. Wenn ich weiß, dass das Kind gerade in der Trotzphase steckt, sage ich ihm direkt nach dem Frühstück, was als Nächstes passieren wird. In unserem Beispiel würde ich dem Kind sagen: „Ich ziehe zuerst die anderen Kinder an. Du bist nach Anton dran. So lange kannst du spielen. Ich rufe dich, wenn du dran bist". Damit hat das Kind einen überschaubaren Ablauf. Sobald ich

Anton zum Anziehen rufe (der Name ist erfunden), sage ich dem Trotzkind Bescheid, dass es gleich danach zum Anziehen kommen soll. Somit rufe ich dem Kind noch einmal ins Bewusstsein, dass es gleich sein Spiel beenden muss. Es kann sich jetzt nicht mehr so tief in sein Spiel vertiefen, weil es weiß, dass gleich etwas anderes passiert. Dabei ist es unbedingt wichtig, dass du die Reihenfolge einhältst, und dich nicht auf Diskussionen einlässt. Wenn sich das Kind anziehen lassen soll, ist das alternativlos. Nachdem Anton angezogen ist, rufe ich das Trotzkind. Es soll nun sein Spiel selbstständig beenden und seine Aufmerksamkeit dem Anziehen widmen.

Auf diese Weise gebe ich dem Kind die Zeit, die es braucht, um das Spielzeug zur Seite zu legen oder das Schaukeln zu beenden. Es kann sein, dass es nicht sofort alles stehen und liegen lässt. Dann bleibe ich ruhig, stelle oder setze mich neben das Trotzkind und sage ihm freundlich, dass es sich nun anziehen lassen soll. Vielleicht überlegen wir, wo wir das Spielzeug hinstellen, damit es nachher an seinem Platz ist. Vielleicht lasse ich das Kind noch drei Mal schaukeln, bevor es aus der Schaukel klettert (ein 24 Monate altes Kind kann schon bis drei zählen). Ich biete ihm immer verstehbare Lösungen an. Danach soll es (mit mir zusammen oder allein) in den Flur gehen, damit ich es anziehen kann. Direkt im Anschluss gehen wir nach draußen. Jetzt hat das Kind das Gefühl, an der Entscheidung beteiligt gewesen zu sein. Es fühlt sich nicht übergangen oder unterdrückt und hatte genug Zeit, sich auf die Situation einzustellen. Dadurch, dass wir sofort das Haus verlassen, wenn alle angezogen sind, kann es nicht mehr abgelenkt werden.

2. Manchmal war mir gar nicht bewusst, dass bei diesem Kind die Trotzphase bereits begonnen hatte; oder sie war nicht so stark ausgeprägt. Die Verweigerung, jetzt raus zu gehen, kommt also überraschend für mich. So konnte es passieren, dass alle 5 Kleinkindern angezogen dasitzen. Vier warten brav, dass ich endlich die Tür öffne damit sie rauskönnen, aber eines weigert sich. Auch dabei ist es wichtig, dem Kind genügend Zeit zu verschaffen, damit es sich selbstständig zum Rausgehen entscheiden kann.

Ich setze oder stelle mich wieder neben das Kind und bitte es, sein Spiel zu unterbrechen, damit wir raus gehen können. Dabei betone ich, dass alle anderen schon fertig sind und warten. Im Normalfall wird das Kind sich weigern. In diesem Fall muss ich ihm etwas anbieten, dass sein Interesse weckt. Ich muss überlegt vorgehen, was ich dem Kind anbiete, denn das Belohnungssystem wirkt nur kurzfristig. Wenn ich es mir zur Gewohnheit mache, das Kind immer mit etwas anderem zu locken, werde ich schnell an das Ende meiner Möglichkeiten kommen. Hier kannst du mit dem Ehrgeiz des Kindes arbeiten, indem du ihm kleine Aufgaben gibst.

Die Trotzphase wird auch Autonomiephase genannt, weil das Kind selbstständiger werden möchte. Es möchte Aufgaben übernehmen, die wichtig für die Gemeinschaft sind. Wenn ich dem Kind eine Aufgabe übertrage, die es gerne macht, und die wichtig für alle ist, schenkt es mir seine volle Aufmerksamkeit. Jetzt können wir beide gemeinsam nach einer Lösung suchen, wie wir das Spiel beenden und auf den Spielplatz gehen können.

Egal, wo du mit deinem Kind hinmöchtest. Es gibt immer etwas, das ihr mitnehmen müsst, dass ihr vorher erledigen müsst, was zu kontrollieren ist oder worauf ihr generell achten müsst. Für uns sind es nur Kleinigkeiten, aber für dein Kind ist es etwas Besonderes.

In unserem Beispiel könnte ich dem Kind z. B. anbieten, die Tasche mit dem Picknick zu tragen; oder darauf zu achten, dass jedes Kind seine eigenen Schuhe hat, damit ich sie ihm anziehen kann; oder das überall das Licht aus ist, bevor wir gehen. Irgendeine Kleinigkeit, die zur festen Aufgabe werden kann.

Diese Aufgaben können später zu einem Ritual werden, das vor dem Verlassen des Hauses wichtig ist. Gerade das Licht ausmachen ist für ein 2-jähriges Kind eine hervorragende Aufgabe. Jetzt kann es sich schon vor dem Anziehen damit beschäftigen, dass wir gleich nach draußen gehen. Es gibt noch viele andere Kleinigkeiten, die ein Kleinkind gut übernehmen kann. Orientiere dich am besten an seinen Vorlieben.

Mit dieser Vorgehensweise gibst du dem Kind genug Zeit, die Differenz zwischen seinem eigenen Wunsch / Bedürfnis und dem, was du sagst, auf seine eigene Weise auszugleichen. Es wird in seinem Ich-Bewusstsein gestärkt und erfährt ein positives Miteinander.

Essen

Eine beliebte Trotzsituation ist das gemeinsame Essen. Egal, ob es sich um Mittag- oder Abendessen handelt, Kinder haben immer etwas am Essen auszusetzen. Das hat allerdings selten etwas mit dem Essen an sich zu tun.

Als Tagesmutter war ich immer sehr bemüht, dass die Kinder

- mit dem Essen ein angenehmes Gefühl verbanden und
- alle gemeinsam mit dem Essen begonnen oder aufgehört haben.

Wenn ein Kind gerade in der Trotzphase steckt, kann es vorkommen, dass es seinen Frust beim gemeinsamen Essen rauslässt. Für dich kann es so aussehen, als gäbe es keinen erkennbaren Grund. Es gab vorher keine Situation, die einen Trotzanfall erkennen ließ. Alles war wie immer.

Und trotzdem beginnt das Kind plötzlich mit dem Essen zu werfen, zu schmieren oder gar den Teller auf den Boden fallen zu lassen. Warum ist das so und wie kannst du darauf reagieren?

Es ist alles wie immer. Essenszeit. Ich singe unser gemeinsames Lied, das alle Kinder zum Essen ruft. Bei uns war das immer *Ringel, Rangel, Rosen, schöne Aprikosen, Veilchen und Vergissmeinnicht, alle Kinder setzen sich.* Dann wussten alle: Das Spielen ist jetzt vorbei. Das Essen ist fertig und wir decken den Tisch, damit wir gleich gemeinsam essen können. Normalerweise ist das eine angenehme Situation. Die Kinder haben gern beim Tischdecken geholfen. Jeder durfte seinem Alter und Entwicklungsstand entsprechend etwas zum Tisch bringen. Die Kleineren haben die Lätzchen getragen, die Größeren die Teller und die ganz Großen durften das Besteck bringen.

Ab und zu kam es vor, dass ein Kind lieber spielen, als essen wollte. Auf den täglichen Mittagsschlaf nach dem Essen hatte es überhaupt keine Lust. Auch ein Kind hat manchmal einfach schlechte Laune ohne erkennbaren Grund. Das ist dann eben so.

Damit alle Kinder genügend Zeit zum Essen haben, war es wichtig, dass wir alle gemeinsam am Tisch saßen, und sich keiner aus der Situation herausreden konnte. Egal, ob ein Kind Hunger hatte oder nicht, wir saßen alle gemeinsam am Tisch. Keiner hat gespielt. Und genau darin kann schon der Konflikt liegen.

Wenn das Es-Bewusstsein gerade etwas anderes im Sinn hat, als zu essen, kommt es in Konflikt mit dem Über-Ich, welches dem Kind sagt, dass es jetzt mit dem Spielen aufhören muss. Dann kann es passieren, dass das Kind auf seinen Teller schaut und diesen angewidert wegschiebt. Oder es weigert sich, auf seinem Stuhl sitzen zu bleiben, und möchte lieber über die Tische und Bänke klettern. Das Resultat war dann, dass die anderen Kinder ebenfalls über das Essen meckerten, und innerhalb weniger Minuten brach das Chaos am Tisch aus.

In diesen Situationen war es für mich immer anstrengend, Ruhe zu bewahren. Wenn es um die Qualität des Essens geht, war ich immer sehr leicht beleidigt (eine Schwäche, die ich mir selbst oft eingestehen musste in acht Jahren). Sehr schnell ertappte ich mich bei dem Gedanken, dass das Kind mich provozieren will. Es erwarte von mir eine Reaktion und provoziere mich. Es kam mir so vor, als ob es einen Machtkampf austragen wollte. Das stimmte jedoch nicht.

Okay, vielleicht wollte das eine oder andere Kind mich wirklich provozieren. Aber sicher nicht mit Absicht. Es ist vielmehr seine Art, den Frust, den es in diesem Moment erlebt, auszuleben. Es geht dabei nicht um meine Qualität als Köchin oder Tagesmutter, sondern darum, dass es jetzt lieber spielen als essen möchte. Weiter nichts.

Wenn du möchtest, dass es für dein Kind normal ist, bei Tisch zu sitzen und in Ruhe zu essen, solltest du ein paar Grundregeln beachten:

- Alle sitzen gemeinsam am Tisch. Das bedeutet auch, dass du mit am Tisch sitzt und nicht zwischen Küche und Esstisch immer hin und her rennst. Für dein Kind muss eindeutig erkennbar sein, dass ihr jetzt essen wollt.
- Jeder bleibt auf seinem Stuhl sitzen, bis das Essen vorbei ist. Dein Kind braucht Sicherheit. Diese bekommt es, wenn es eine Situation überschauen kann, und dafür brauchst du eine Ordnung. Eine Ordnung in der Reihenfolge, Dauer und Sitzordnung. Jeder hat seinen eigenen Stuhl, auf dem er / sie sitzt. Genauso wie dein Kind einen Kinderstuhl in der richtigen Höhe hat, um am Tisch essen zu können, brauchen die anderen Mitglieder auch einen festen Platz. Kann dein Kind sehen, dass alle da sind, kann es sich sicher fühlen.
- Beim Essen wird am Tisch nicht gespielt. Räume alle Spielzeuge und Kuscheltiere vom Tisch. Das gilt auch für Handys. Es geht jetzt nur um das Essen. Solltest du deinem Kind gestatten, ein Spielzeug mit am Tisch zu haben, wirst du schnell feststellen, dass seine Aufmerksamkeit immer wieder dorthin wandert.

- Das Essen dauert so lange, bis alle gegessen haben. Diese Regel ist etwas schwierig, weil dein Kind nicht immer mit dem gleichen Appetit isst. Manchmal dauert es etwas, bis es auf den Geschmack kommt. Da kann es schon mal passieren, dass sich das Essen hinzieht. Als Faustregel kannst du 20 - 30 Minuten einplanen. Länger kann ein Kleinkind nicht ruhig sitzen, und es wird anstrengend, es am Tisch zu halten.

- Wenn das Essen beendet ist, gibt es nichts mehr. Viele Familien glauben, dass das Kind nicht genügend Nahrung erhält, wenn es bei den Mahlzeiten nicht essen will. Dann bekommen viele Kinder außerhalb der Mahlzeiten kleine Leckereien oder Obst, um ihren Hunger zu stillen (der natürlich später kommt). Leider zeigst du deinem Kind damit, dass es sich nicht an gemeinsame Essenszeiten halten muss. Es lernt, nebenbei zu essen; ein Verhalten, das im späteren Leben zu Übergewicht führen kann. Wenn wir bewusst essen, bekommen wir ein eigenes Gefühl dafür, was uns schmeckt und wann wir hungrig, bzw. satt sind. Wenn du dein Kind zwischendurch fütterst, kann es dieses gesunde Gefühl nicht entwickeln. Wenn dein Kind bei Tisch nicht essen möchte, aber später über Hunger klagt, empfehle ich dir folgende Vorgehensweise:
  - Stelle seinen Teller mit dem übrigen Essen zunächst zur Seite.
  - Wenn dein Kind später Hunger hat, setz dich gemeinsam mit ihm an den Tisch.
  - Gib ihm seinen Teller mit dem Essen von vorhin.

Mit diesen Regeln gewöhnt sich dein Kind schnell an geregelte Mahlzeiten und lernt, in seinem eigenen Tempo zu essen.

Aber was kannst du tun, wenn dein Kind am Tisch anfängt zu trotzen?

Auch hier gilt wieder als oberste Regel: Bleib ruhig! Reagierst du mit Strenge oder Ungeduld auf das Verhalten deines Kindes, schaukelt sich die Situation nur hoch. Es meint es nicht persönlich, wenn es sich weigert, seinen Spinat zu essen, oder gar das Essen wieder ausspuckt. Es ist seine Art, den Frust raus zu lassen.

Trotzdem braucht es klare Grenzen, damit es sich wieder beruhigen kann. Als Tagesmutter habe ich immer wieder erlebt, dass Mütter zugelassen haben, dass ihr Kind während des Essens auf ihrem Schoß herumkletterte, die Füße auf den Tisch legte, das Essen auf den Boden warf und einfach machte, was es wollte. Ein trotziges Kind wird sich in seiner Aktivität immer weiter steigern, bis du es irgendwann genervt aus dem Stuhl hebst und es wegschickst, damit du in Ruhe essen kannst. Aber das ist nicht das, was dein Kind wollte.

Gib ihm klare Grenzen. Sage deinem Kind, was es machen soll. Achte drauf, dass du unbedingt bei einer positiven Formulierung bleibst. Sage in etwa: „Wir essen jetzt", „Iss dein Essen" oder „Hier ist dein Teller".
Verneinungen werden von unserem Bewusstsein nicht wahrgenommen. Es kennt das Wort „nicht" nicht. Solltest du einen Satz sagen, wie: „Spiel nicht mit dem Essen.", kommt bei deinem Kind nur an: „Spiel mit dem Essen". Sagt jemand zu dir: „Schau nicht nach links", was machst du automatisch? - Genau, du schaust nach links. Setze also klare Grenzen und sage deinem Kind deutlich, was es jetzt tun soll.

Sollte es mit seinem Verhalten nicht aufhören, schiebst du seinen Teller außerhalb seines Bereiches. Ich meine nicht, nimm ihm den Teller weg. Ich meine, schiebe den Teller etwas weiter in die Tischmitte; so, dass es nicht mehr drankommt. Damit signalisierst du deinem Kind ein klares: Stopp! Ich unterbinde, was du gerade tust.

Dein Kind soll weiterhin am Tisch sitzen bleiben, weil ihr anderen noch esst. Versuche, nach ein paar Minuten deinem Kind den Teller wieder zu geben, damit es weiteressen kann. Wenn es erkannt hat, dass es mit seinem Verhalten nicht weiterkommt, wird es seinen Teller weiteressen. Falls es noch nicht so weit ist, beginnt das Spiel von vorn. Bewahre unbedingt Geduld und Ruhe! Nur so kannst du deinem Kind vermitteln, wie ihr euch ein gemeinsames Essen wünscht.

Ich glaube, diese Situation ist für alle Familienmitglieder eine große Herausforderung. Wie soll man sein eigenes Essen genießen, wenn das Kind so viel Stress macht? Wenn ihr es in dieser Situation trotzdem schafft, bei eurem normalen Ablauf zu bleiben, kann euer Kind lernen, dass es sinnlos ist, dem momentanen Wunsch, aufzustehen oder mit dem Essen zu spielen, nachzugeben. Es wird erkennen, dass es Spaß macht, gemeinsam am Tisch zu sitzen und zu essen.

Sitzenbleiben ist eine wichtige Disziplin, wenn du gern ein gemeinsames Familienessen erleben möchtest.
Will dein Kind partout nicht auf seinem Stuhl sitzen bleiben und steht es ständig auf, schiebe den Stuhl ein paar Zentimeter vom Tisch weg; nur so weit, dass dein Kind nicht mehr an den Tisch herankommt. Wenn es in seinem Stühlchen aufsteht, setze es wieder hin. Zur Not unterbrichst du dein Essen und schiebst deinen Stuhl neben es. So lange, bis es sich beruhigt hat. Dein Kind soll lernen, dass es am Tisch sitzen bleiben soll, bis das Essen beendet ist.

Es wird weinen, sich an dir festhalten und sich hochziehen wollen. Es wird versuchen, auf deinen Schoß zu klettern, und wenn das nicht geht, wird es fürchterlich schreien. Sein Wille, jetzt nicht mehr mit den anderen am Tisch zu sitzen, ist nun so stark, dass es ganz vergessen hat, dass es etwas zu essen gibt. Bleibe ruhig und setze ihm klare Regeln, die du positiv formulierst! "Wir essen jetzt gemeinsam. Jeder sitzt auf seinem Platz und isst.", könnte z. B. eine Botschaft sein, die du deinem Kind in dieser Situation mitgibst. Warte, bis es sich beruhigt hat.

Kinder haben mächtige Fähigkeiten, wenn es darum geht ihre Gefühle rauszulassen und ihren Willen durchzusetzen. Erinnere dich stets daran, dass dein Kind nicht mit Absicht gerade so reagiert. Es braucht deine Führung und klare Regeln, um sich emotional wieder stabilisieren zu können. Wenn du an dieser Stelle liebevoll konsequent bleibst, gibst du ihm die Möglichkeit aus der Situation etwas zu lernen. Das wird euer ganzes Familienleben positiv beeinflussen.

Einmal betreute ich ein Kind, das ich füttern musste, da es noch nicht selbst essen konnte. Seine Feinmotorik war noch nicht so weit ausgeprägt, als dass die Happen lang genug auf dem Löffel blieben, um den Mund zu erreichen. Bei einem 14 - 18 Monate alten Kind kann das schon mal zu Diskussionen führen. Es will genauso essen, wie die anderen. Es ist überzeugt davon, dass es das kann. Aber wenn ich seinem Willen nachgebe, gelangt mehr Essen auf den Boden und sonst wohin als in den Magen. Bei allem gesunden Ehrgeiz ist es jetzt wichtig, dass du klare Grenzen setzt. Du fütterst dein Kind.

In dieser Situation kam es häufig zu ähnlichen Szenen wie oben beschrieben. Das Kind begann zu weinen, und weigerte sich, gefüttert zu werden. Der Kopf drehte sich nach links und rechts. Landete doch mal ein Löffel im Mund, wurde das Essen sofort wieder ausgespuckt. Das selbst Machen stand im Vordergrund und war absoluter Wille.

Grundsätzlich habe ich meinen Tageskindern Mahlzeiten zubereitet, die auch die 14 - 18 Monate alte Kinder selbstständig essen konnten. Kartoffelbrei, Kartoffelstückchen, Nudeln, Frikadellen oder Gemüse, das noch fest genug war, damit die Kinder es in die Hand nehmen konnten, waren bei uns die Regel. Auch Milchreis kann, wenn er nicht zu flüssig ist, mit den Fingern gegessen werden. Das Essen mit den Fingern ist sehr hilfreich in diesem Alter. Das Kind kann Geschmack und Konsistenz selbstständig prüfen, während es seine Hand-Augen-Koordination trainiert. Manchmal gab es allerdings Eintopf. Den kann ein so kleines Kind noch nicht allein essen und muss gefüttert werden.

Damit auch diese Kinder genug zu essen bekamen, bin ich ähnlich vorgegangen, wie oben bereits beschrieben: Der Teller wurde ein Stückchen in die Tischmitte geschoben. Ich sagte zu dem Kind: „Ich füttere dich", und versuchte es dann noch einmal. Falls das Kind sich weiterhin weigerte, widmete ich meine Aufmerksamkeit zunächst einem anderen Kind und versuchte es ein paar Minuten später noch einmal. Den Vorgang wiederholte ich so lange, bis das Kind sich von mir füttern ließ.

Auch hier bedeuten die klaren Grenzen kein Beschneiden der Fähigkeiten des Kindes, sondern eine Hilfestellung. Das Kind kann diese Situation nicht allein bewältigen. Es braucht mich als Führungsperson, um seine Fähigkeiten auszubauen. Das Kind lernt, dass ich ihm helfe, wenn es etwas nicht kann.

Aufräumen

Das Aufräumen ist, glaube ich, schon immer ein Streitpunkt in jeder Familie, unabhängig vom Alter des Kindes. Zum Wochenende wird die gesamte Wohnung aufgeräumt und sauber gemacht, aber bereits 24 Stunden später ist davon nichts mehr zu sehen. Die Spielzeuge, die eben noch so schön geordnet im Regal standen, liegen wieder über den Fußboden verstreut. Gerade bei einem Kleinkind ist es wichtig und ganz einfach, ihm ein Grundverständnis für Ordnung zu vermitteln und ihm zu zeigen, wie es den Überblick über seine Sachen behält.

In meiner Kindertagespflege gehörte das Aufräumen zum Tagesablauf. Kurz bevor die Kinder abgeholt wurden, begannen wir, das Spielzeug gemeinsam aufzuräumen. Für die Kinder bestand die größte Herausforderung darin, bei der Sache zu bleiben. Indem die Kinder ihre Spielsachen sortierten, widmeten sie ihnen wieder Aufmerksamkeit. Sofort entstanden neue Ideen, was man mit diesen Autos machen könnte, und mit welchen anderen Spielzeugen man sie kombinieren könnte.

Kinder haben keinerlei Zeitempfinden. Sie sind immer im Hier und Jetzt. Sie sind nicht so zielstrebig wie wir Erwachsenen. Für uns muss jedes Ding einen Anfang und ein Ende haben. Es gibt für alles ein Zeitfenster, und die nächste Aufgabe wartet schon. Kinder sehen diese Vielzahl an Aufgaben nicht. Sie konzentrieren sich genau auf das, was vor ihnen liegt, direkt vor ihrer Nase. So beneidenswert, wie diese Eigenschaft im Alltag auch ist, ist sie beim Aufräumen eher hinderlich und führt zu Konflikten.

Du möchtest das Kinderzimmer oder die Spielecke *mal eben* aufräumen, bevor ihr mit dem Abendritual beginnt. Dein Kind sieht vor sich kein chaotisches Durcheinander an Spielzeug, sondern einen Ozean von Möglichkeiten. Jeder Handgriff könnte der Beginn eines neuen

Abenteuers sein. Jedes Auto, jede Puppe, ein Stofftier oder ein Buch kann der Beginn eines tollen Spiels sein. Dieser Interessenkonflikt ist es, der zu einem Streit ausarten kann.

Insbesondere, wenn dein Kind gelernt hat, dass Aufräumen Stress bedeutet, ist seine Motivation eher gering. Würdest du allein das Spielzeug aufräumen, wäre das in 5 Minuten erledigt. Aber dabei kann dein Kind nichts lernen.

Wenn du möchtest, dass dein Kind mit Leichtigkeit aufräumt, musst du vor allem zwei Dinge beachten:

- Mache ein regelmäßiges Ritual daraus, welches du konsequent einhältst.
- Mache ein Spiel daraus, das dem Entwicklungsstand deines Kindes entspricht.

Kinder machen prinzipiell alles gerne und mit Freude. Stress mögen sie nicht. Sie reagieren empfindlich darauf. Wenn du Stress mit dem Aufräumen, oder dem Chaos im Kinderzimmer hast, spürt das dein Kind. Es sieht, hört und fühlt, wie du dich dabei fühlst. Als Folge wird es das Aufräumen als negativ einstufen. Wenn du dann zu deinem Kind sagst: „Komm aufräumen", ist die Motivation bei ihm / ihr ungefähr so hoch wie vor einem Kinderarzt-Termin. Es hat keine Lust, möchte sich nicht damit beschäftigen und sieht darin auch keinen Spaß. Gerade sensible Kinder sträuben sich dann dagegen, und weigern sich mitzumachen. Manche bemühen sich eher, noch mehr Chaos zu veranstalten, als aufzuräumen. Häufig kommt es dann zum Streit, der in einem Wutanfall enden kann. Wenn das geschieht, kannst du das Aufräumen vergessen.

Mach ein Spiel daraus. Kinder lernen durch spielen. Das Spiel ist ihr Mittel, um ihre Fähigkeiten kontinuierlich weiterzuentwickeln. Um deinem Kind ein natürliches Verständnis von Ordnung zu vermitteln, mach ein Spiel daraus. Orientiere dich dabei am Alter und Entwicklungsstand deines Kindes.

In meiner Kindertagespflege hing in der Mitte des Raumes eine große Nestschaukel. Dort warfen wir zunächst alle Spielsachen, alles wüst auf einen Haufen, hinein. Das Spiel bestand darin, dass jedes Kind so schnell wie möglich, so viel wie möglich hineinwerfen sollte. Falls du keine Nestschaukel zu Hause hast, kannst du alle Sachen auf einen Haufen werfen. Je größer der Haufen, desto je besser. Danach haben wir jedes einzelne Spielzeug angeschaut und überlegt, wo es einen schönen Platz hat.

Kinder sind Nerds und wollen alles richtig machen. Bei der Suche nach dem richtigen Platz wird sich das Kind daran erinnern, wo dieses Spielzeug normalerweise steht und es genau an diesen Platz zurückstellen. Es wird keinen neuen Platz dafür suchen. Es sei denn, sein Gefühl sagt ihm, dass dieser Platz besser geeignet ist, um das Spielzeug immer im Auge zu behalten. Das ist eher die Ausnahme. Grundsätzlich wird es das Spielzeug an den gewohnten Platz zurückstellen. Immer, wenn ein Spielzeug weggeräumt ist, könnt ihr euch freuen: „Super, Nächstes. Oh, was haben wir da?". Es kommt darauf an, dass das Kind ein Erfolgserlebnis hat.

Ist dein Kind kognitiv schon etwas weiterentwickelt, kannst du ihm vorschlagen, dass ihr jetzt alle Autos aus dem Spielzeughaufen sucht und einen Platz dafür findet; oder alle Bücher. Sei kreativ und lass dich von den Interessen deines Kindes inspirieren. Wenn du ein Kind hast, das gerne baut, kannst du die Lkws dafür nutzen, das Baumaterial wieder in die Kiste zu transportieren. Spielt dein Kind gerne mit Tieren oder Puppen, kannst du eben diese in ihr Nest oder ins Puppenhaus schicken, damit sie bis morgen gut schlafen können. Gib dem Vorgang einen Sinn, den dein Kind verstehen kann. Aufräumen ist dann keine lästige Tätigkeit, sondern etwas Schönes, weil alles an seinem Platz ist.

Kinder brauchen Sicherheit und den Überblick, was als Nächstes passiert. Das erreichst du durch Rituale und eine Regelmäßigkeit, die so sicher ist, wie Sonne und Mond. Das Aufräumen muss einen festen Platz in eurem Alltag haben. Nur so wird es für dein Kind selbstverständlich.

Leider kommt im Alltag immer wieder etwas dazwischen: ein Anruf, eine Diskussion, ein wichtiger Termin, allgemeine Unlust oder eine kleine Katastrophe. Konsequentes Handeln ist häufig die größte Herausforderung, wenn du ein Ritual in den Alltag integrieren möchtest. Doch ist es wichtig, damit dein Kind das Aufräumen als selbstverständlich ansieht.

Um es dir selbst zu erleichtern, ein neues Ritual in euren Tagesablauf einzubauen, solltest du zunächst einmal die Spielzeuge reduzieren. In vielen Kinderzimmern sind die Regale voll davon. Es gibt einen ganzen Stofftier-Zoo, ein ganzes Regal mit Legosteinen und unendlich viele, verschiedene Autos oder Puppen. Dein Kind kann unmöglich mit all diesen Dingen spielen; und will es auch gar nicht.

Das Spiel eines Kleinkindes orientiert sich nach seinen momentanen Interessen und der Entwicklung, die es gerade macht. Sortiere daher das Spielzeug entsprechend und räume alles weg, was dein Kind momentan nicht interessiert. Ihr habt ein Basis-Sortiment, dass ihr immer zum Spielen braucht, wie z. B. Legosteine oder die Holzeisenbahn. Abgesehen davon bevorzugt jedes Kind in verschiedenen Phasen sein Lieblingsspielzeug.

Mit zwei Jahren spielen die meisten Kinder gerne in der Spielküche. Mit Backen, Braten und Kochen können sie sich dort stundenlang beschäftigen. Du musst literweise Kaffee trinken oder Nudeln essen, die mit viel Liebe zubereitet wurden. Ganz so wie in echt. Oder dein Kind arbeitet an der Werkbank und schraubt und sägt alles kurz und klein. Ganz so, wie es das am Wochenende bei Mama und Papa gesehen hat.

Wenn du siehst, womit sich dein Kind am liebsten beschäftigt, kannst du alle anderen Spielzeuge vorläufig wegräumen. Verpacke sie in Kisten und stell sie auf den Dachboden oder in den Keller. Nach ein paar Wochen wirst du die eine oder andere Kiste wieder brauchen. Dafür wandert etwas anderes auf den Speicher. Auch dabei hat dein Kind Spaß. Es ist spannend und wichtig, wenn die *uninteressanten Sachen* zur Seite geräumt werden und im Zimmer plötzlich richtig viel Platz zum Spielen ist. Außerdem erleichtert ein überschaubares Sortiment das kurzfristige Aufräumen. Dein Kind erwartet nicht, in einem Spielzeugladen zu schlafen. Es möchte sich mit dem beschäftigen, was ihn gerade interessiert. Gleichzeitig ist es dir so leichter möglich, dir einen Überblick verschaffen, wo dein Kind gerade in seiner Entwicklung steht. Auf diese Weise könnt ihr euch leicht auf eine bestimmte Fertigkeit konzentrieren.

Es wird dir auch bei bester Organisation passieren, dass ein Kind einfach keine Lust hat aufzuräumen und sich dagegen wehrt. Es gibt einfach Tage, da helfen auch das schönste Spiel und das geduldigste Überreden nichts.

Meiner Erfahrung nach ist das insbesondere bei sensiblen Kindern der Fall. Häufig geht es dann nicht um den Unwillen, aufzuräumen. Etwas anderes liegt dem Kind auf der Seele. Vielleicht hat es sich in der Kita gestritten oder es ist irgendetwas in der Familie vorgefallen. Vielleicht kann es etwas nicht verstehen, was es irgendwo aufgeschnappt hat.

Sollte dein Kind an dieser Stelle mit einem plötzlichen Wutanfall reagieren, bleib bei ihm und warte ab, bis es sich etwas beruhigt hat. Es kann sein, dass es mit Spielzeugen um sich wirft, dass es tobt und wütet, und du im Moment nicht weißt, was los ist.

Bleibe an der Stelle vor allem ruhig! Achte darauf, dass dein Kind sich nicht verletzen kann. Beginnt es, mit Spielzeug um sich zu werfen, solltest du das aufgrund der Verletzungsgefahr allerdings unterbinden. In diesem Fall hielt ich das Kind an den Händen fest, suchte den Augenkontakt und erklärte ihm eindringlich, dass das nicht geht. Manchmal ist es dann in meine Arme gefallen und weinte seinen Frust aus, manchmal hat es sich wieder losgerissen und auf den Boden geworfen. Wichtig ist, dass du bei ihm bleibst und wartest, bis der Wutanfall vorbei ist. Danach könnt ihr zusammen kuscheln und darüber reden, warum das Kind gerade so extrem reagiert hat. Nachdem ihr den Grund herausgefunden habt, ist es wichtig, dass du ihm ein positives Gefühl vermittelst. Vielleicht geht ihr dann, wie zuerst geplant, zum Aufräumen über und habt einen positiven Abschluss. Eventuell sucht ihr euch aber auch etwas aus, dass ihr jetzt gerne machen möchtet, wie eine Bude bauen und es euch gemütlich machen, oder mit Handpuppen spielen o. ä.

Damit dein Kind leichter über seine Gefühle sprechen kann, eignen sich Puppen und Stofftiere sehr gut. Es kann von seinem eigenen Ich-Bewusstsein Abstand gewinnen und die Situation aus der Position des

Beobachters erzählen. Es kann beschreiben, wie es eine bestimmte Situation erlebt hat, ohne den damit verbundenen Schmerz zu spüren oder die Angst, es zu nah an sich heranzulassen. Auf diese Weise gelang es mir, viele Reaktionen eines Kindes zu verstehen, die ich ohne dieses Gespräch nicht herausgefunden hätte.

Ein Kleinkind besitzt noch nicht ausreichende Ausdrucksmöglichkeiten, um über seine Ängste oder Nöte sprechen zu können. Gleichzeitig befindet es sich in der Trotzphase / Autonomiephase in der intensivsten Entwicklung seines Lebens. Mit einem Spielzeug kann es gleichzeitig seine Identität mit einer Person verbinden und den Abstand halten, den es braucht, um darüber zu sprechen. Das gilt auch, wenn diese Person viel größer oder älter ist als das Kind. So könnt ihr spielerisch eine angsteinflößende Situation besprechen und auflösen. Im Anschluss könnt ihr euch wieder entspannt auf den weiteren Ablauf eures Alltags konzentrieren.

Auf diese Weise habe ich schon wunderbare Gespräche mit Kindern geführt und konnte einen schönen Einblick in ihre Seele erhalten. Ich empfand diese Gespräche als sehr angenehm und hatte danach stets das Gefühl, dass sie unsere Beziehung gestärkt haben. Wir hatten mehr Vertrauen ineinander gefunden. Ich in das Kind, weil ich jetzt wusste, wie es sich gerade fühlt und warum. Das Kind, weil es mir etwas anvertrauen konnte, das ihm auf der Seele lag.

Schlafen

Mit ca. 30 Monaten wirst du bemerken, dass es immer schwieriger wird, dein Kind ins Bett zu bringen. Viele Familien berichten, dass in dieser Zeit jedes Schlafen (mittags oder abends) zu einer sich endlos hinziehenden Herausforderung werden kann.

Zum einen liegt das am abnehmenden Schlafbedarf[6], zum anderen findet sich dein Kind immer besser in einen geregelten Tag-Nacht-Rhythmus hinein. Es ist ausgeruhter und besitzt mehr Energie. Trotzdem braucht es auch in diesem Alter bis zu 13 Stunden Schlaf pro Tag.

Gerade, wenn es sieht, dass ältere Geschwister länger wach bleiben dürfen, ist es für dein Kind schwierig zu akzeptieren, dass es jetzt ins Bett gehen muss.

Die Eltern meiner Tageskinder haben sich immer gewundert, warum ich keine Probleme hatte, die Kinder schlafen zu legen. Fragten sie mich, wie ich das mache, war meine Antwort stets die gleiche: „Es gibt keine Alternative."

6 Vgl. Grafik „Durchschnittlicher Schlafbedarf von Kindern im Alter von 0-6 Jahren der BZgA aus „So schlafen Babys entspannt ein und durch. Die besten Einschlaftipps einer Tagesmutter", Sabine Lüders, 2020

In meinem Buch „So schlafen Babys entspannt ein und durch. Die besten Einschlaftipps einer Tagesmutter" habe ich ausführlich beschrieben, wie du dein Kind entspannt in diesem Alter schlafen legst. Darum geht es: Dein Kind soll entspannt einschlafen, damit es sich gesund entwickelt. Jedes Kind kann schlafen. Es muss nur lernen, zur Ruhe zu kommen.

In diesem Alter, zwischen 24 und 36 Monaten, kommt es darauf an, dass ihr feste Rituale habt, die ihr konsequent einhaltet. Das gibt deinem Kind Sicherheit und Geborgenheit, wodurch es dann seinen eigenen Schlafrhythmus findet und durchschläft.

Gegen ein entspanntes Einschlafen wirkt häufig die Fantasie deines Kindes. Diese entwickelt es gerade in diesem Alter. Auf einmal sind da Monster, die in dunklen Ecken oder unter dem Bett leben. Es gibt Drachen, die nur darauf warten, bis es dunkel ist, damit sie durch das Zimmer fliegen können. Oder die Fantasie deines Kindes lässt eine spannende Geschichte lebendig werden. Eines meiner Tageskinder hatte z. B. die Geschichte des Grüffelo für so echt empfunden, dass es aus Angst vor ihm abends nicht einschlafen wollte. Ein anderes Kind hatte sich vor dem Nikolaus erschrocken. Seitdem war es davon überzeugt, dass der Nikolaus nachts in sein Zimmer einsteigen wollte.

Möchte dein Kind abends nicht ins Bett gehen und bekommt einen Wutanfall, kann es daran liegen, dass es Angst hat.

Sofern ihr bislang feste Rituale hattet, die dein Kind in den Schlaf begleitet haben, wird es diese nicht infrage stellen. Die Trotzphase ist keine Rebellionsphase wie die Pubertät. Du empfindest es vielleicht so, weil seine Reaktionen heftig, unvorhersehbar und unverständlich sind. Es ist der Konflikt zwischen dem ES-Bewusstsein und dem Über-Ich, den dein Kind nicht ausbalancieren kann. Es braucht klare Rituale, Grenzen und Regeln, um wieder in sein emotionales Gleichgewicht gelangen zu können. Gleichzeitig wird es versuchen mit Charme, Niedlichkeit und Trotz diese Grenzen zu erweitern und neu zu interpretieren. Das liegt in der Natur der Kinder.

Ich empfehle nicht, dass du mit allen Mitteln die gewohnten Regeln durchdrücken sollst. Die Trotzphase wird Autonomiephase genannt, weil dein Kind mit der Abnabelung von dir beginnt. Es wünscht sich mehr Selbstständigkeit. Wie sensibel es auf Regeln reagiert, hängt auch von seinem Charakter und Temperament ab.

Damit dein Kind sich leichter an Regeln hält, erreichst du manchmal mehr, wenn du ihm kleine Freiheiten einräumst. Manchmal musst du aber konsequent bleiben, damit dein Kind nicht gleich die Anarchie ausruft. Deine Intuition wird dich dahingehend anleiten.

Ein hochsensibles Kind kann mit Freiheiten nicht viel anfangen. Es fühlt sich wohl, wenn es sich an klaren Grenzen orientieren kann, und weiß, dass deine Aufmerksamkeit immer bei ihm ist. Ein anderes Kind braucht mehr Entscheidungsspielraum, um sich wohlzufühlen. Und manchmal klappt es besser, wenn du mit deinem Partner zeitweise die Rollen tauschst.

Als Tagesmutter habe ich mich vor allem an den Talenten eines Kindes orientiert, wenn es nicht schlafen wollte. Kinder, die mehr Freiheiten eingefordert haben, kamen als Letztes ins Bett. Ich habe betont, dass sie nicht unbedingt schlafen, sich aber ausruhen müssen, bis die Mittagsruhe vorbei ist. Dabei sind sie meistens eingeschlafen. Und falls nicht, dann konnten sie mit mir das Schlafzimmer verlassen, wenn die anderen Kinder schliefen. Aber sie durften jetzt nicht spielen. Sie mussten ganz leise sein. Sie durften mit mir kuscheln, während wir die Wolken beobachteten. Das war alles. Das Kind hatte seine Freiheiten, konnte diese aber nicht ausleben. Letztendlich ist es lieber schlafen gegangen, wie die anderen Kinder.

Zeigte ein Kind eine starke soziale Ader und kümmerte sich gerne um andere, meist kleinere Kinder, legte ich es neben ein kleines Kind, das viel Körperkontakt brauchte. Die beiden konnten dann Händchen halten. Dabei ist das größere Kind dann schnell eingeschlafen.

Bei sehr sensiblen Kindern habe ich die Erfahrung gemacht, dass es wichtig ist, keinen Druck aufzubauen. Je mehr Druck du in die Durchsetzung eines Rituals hineinlegst, umso mehr wird sich das Kind dagegen auflehnen. Zeit kann dir helfen, dieses Kind friedlich zum Einschlafen zu bewegen. Wenn ein sensibles Kind nicht schlafen möchte, bleibe ruhig und gib ihm Platz. Stecke ihm einen Rahmen ab, indem es sich bewegen darf. Bspw. könnt ihr vereinbaren, dass ihr zusammen noch ein Hörspiel anhören könnt, oder ihr erzählt euch gegenseitig noch etwas: Wie euer Tag war, was ihr gut oder schlecht fandet, und was eure Pläne für morgen sind. Dabei entspannt sich das Kind und ist dann ganz leicht bereit, einzuschlafen.

Probiere aus, was bei deinem Kind am besten hilft. Gerade der Schlaf ist ein sehr sensibles Thema und ein guter Indikator dafür, ob es einem Kind psychisch gut geht. Gerne können wir uns telefonisch unterhalten, wenn du unsicher bist oder nach Anregungen suchst. Am Ende dieses Buches findest du einen Link, unter dem du einen Termin mit mir vereinbaren kannst.

Geschwister

Wenn ein Geschwisterchen unterwegs ist, ist das eine Veränderung, die ein Kleinkind nicht begreifen kann. Dein Bauch wird immer größer und bewegt sich. Du und dein Partner könnt eurem Kind zwar erklären, was in ein paar Monaten passieren wird, aber dein Kind kann sich das nicht vorstellen. Was bedeu-tet es, wenn bald ein Geschwisterchen auf die Welt kommt? Warum ist Mama so oft müde und muss sich ausruhen? Was soll daran gut sein, wenn es Mama nicht gut geht? Dein Kind hat Millionen von Fragen, aber es würde die Antworten darauf nicht verstehen.

Kleinkinder lernen durch Be-Greifen. Sie erfahren ihre Welt durch ihre Sinne (riechen, fühlen, schmecken, sehen, hören). Eine Schwangerschaft ist nicht einfach zu begreifen.

Die meisten Kinder drücken ihre Unsicherheit dadurch aus, dass sie in dieser Zeit viel weinen und Körperkontakt zu dir suchen. Häufig fremdeln sie auch gegenüber dem Vater und fordern ständig deine Aufmerksamkeit. Du musst sie ins Bett bringen, du musst nachts zum Trösten kommen, wenn dein Kind aufwacht. Dein Kind will ständig in deiner Nähe sein und springt nicht selten zurück in die Babyphase: Es will wieder eine Trinkflasche haben und kuschelt gerne im Arm.

Möglicherweise mag es nun nicht mehr zur Tagesmutter oder in die Kita. Es will sich nicht von dir trennen und schreit laut und eindringlich beim Abschied. Kommst du es dann am Nachmittag nicht persönlich abholen, weigert es sich, mit dem Vater mitzugehen, und verlangt nach dir.

Dieses Verhalten resultiert aus der Unsicherheit, die dein Kind empfindet, weil es die Veränderungen nicht versteht. Du kannst deinem Kind das Vertrauen zurückgeben, indem du viel mit ihm kuschelst und dir viel Zeit nimmst. Ich habe meinem Sohn in dieser Zeit oft seine Babybilder gezeigt und ihm viele Geschichten von ihm als Baby erzählt.

Eine gute Idee ist, dein Kind zu bitten, dir bei alltäglichen Dingen zu helfen. Spanne es mehr in euer Alltagsgeschehen mit ein. Ein 30 Monate altes Kind kann schon dabei helfen, die Wäsche aufzuhängen, den Tisch zu decken oder abzuräumen; es kann mit dem Vater zusammen Einkaufen gehen, den Einkauf einräumen und viele Kleinigkeiten erledigen, die dir im Moment schwerfallen. Damit gibst du ihm das Gefühl, gebraucht zu werden und wichtig zu sein. Eure Familie vergrößert sich gerade. Es kommt jemand dazu. Mit mehr Verantwortung bekommt dein Kind ein Gefühl dafür, wie es, ist der große Bruder / die große Schwester zu sein. Und es hat das schöne Gefühl, dir zu helfen, dich zu entlasten.

Bereits mit 18 Monaten empfindet und spiegelt ein Kind Empathie. Es kann sich in die Gefühle seines Gegenübers hineinversetzen. Es weiß, wie es sich anfühlt, wenn jemand müde oder traurig ist. Als Tagesmutter habe ich diese Fähigkeit gerne genutzt, um neue Kinder einzugewöhnen. Dass die älteren Kinder sich um die Kleinen kümmerten und ihnen halfen, sich wohlzufühlen, hat die Eingewöhnung sehr vereinfacht.

Ist das neue Baby da, lernt dein Kind zum ersten Mal das Gefühl der Eifersucht kennen. Das kannst du kaum verhindern. Du kannst dich noch so viel um dein Kind kümmern, mit ihm spielen oder kuscheln. Dass du dich auch um das Baby kümmerst, es stillst, es bei dir im Bett schlafen lässt, sofort nach dem Baby schaust, wenn es schreit, und es viel trägst, sind genug Gründe für Eifersucht. Dazu kommt noch, dass dein älteres Kind nichts mit dem Baby anfangen kann. Es kann das Baby nicht halten wie ein Erwachsener, es kann nicht mit ihm spielen, so wie mit den anderen Kindern, und das Baby schreit gefühlt rund um die Uhr. Ständig steht das Baby im Mittelpunkt des Interesses und nicht dein älteres Kind.

Dieses Aufmerksamkeitsdefizit kompensieren viele Kinder mit häufigen Trotzanfällen. Sie wissen, dass sie so die volle Aufmerksamkeit bekommen. Am besten reagierst du in dieser Zeit mit viel Verständnis und Geduld.

Ein Beispiel: Es ist morgens, und ihr wollt gleich los zur Kita. Du bist gerade dabei dein Baby zu stillen, damit du mehr Ruhe in der Kita hast. Du sagst zu deinem Kleinkind, dass ihr gleich losfahrt, sobald das Baby satt ist. In der Zwischenzeit darf es noch etwas spielen. Dein Kind möchte gern ein Bilderbuch mit dir anschauen. Ihr sitzt zusammen auf dem Sofa und blättert in dem Buch, während du dein Baby stillst. Anschließend möchtest du deinem Kind die Jacke anziehen. Aber dein Kind weigert sich.

Es läuft in sein Zimmer und versteckt sich. Du sagst ihm, dass ihr dafür keine Zeit mehr habt. Es soll herauskommen, damit ihr fahren könnt. Es will aber nicht. Zuerst bist du noch freundlich und gehst auf sein Spiel ein. Du findest es in seinem Versteck und sagst ihm: „So, jetzt habe ich dich. Los, lass uns gehen!" Da beginnt der Trotzanfall. Es weint, will keine Jacke anziehen und weigert sich, aus der Tür zu gehen. Das Beste, was du jetzt tun kannst, ist abwarten und nichts tun.

Setze dich am besten auf den Fußboden und warte ab. Tue nichts. Warte, bis dein Kind sich ausgetobt hat. Indem du passiv bleibst, zwingst du dein Kind zu einer Reaktion. Nichts zu tun ist in seinem Programm nicht vorgesehen. Kinder sind immer mit irgendwas beschäftigt. Wenn du einfach nur abwartest und nichts tust, wird dein Kind irritiert sein. Wie geht es jetzt weiter? Was passiert als Nächstes? Meistens kommen die Kinder nun an und wollen kuscheln.

Nimm es in den Arm und kuschele ein wenig mit ihm. Nehmt euch Zeit für Zärtlichkeiten. Dabei kannst du ihm erzählen, was es verpassen würde, wenn es heute nicht in die Kita ginge. Erzähle ihm von den anderen Kindern und davon, was es in der Kita machen könnte: draußen spielen, auf den Spielplatz gehen, basteln etc. Mach es ihm so schmackhaft wie möglich. Erinnere es daran, wie viel Spaß es gestern in der Kita hatte, und dass seine Freunde sicher traurig wären, wenn es heute nicht kommen würde.

Oder du fragst es, warum es nicht in die Kita möchte. Vielleicht ist gestern etwas passiert, was es verunsichert hat. Vielleicht fühlt es sich dort im Moment nicht richtig wohl und möchte das jemandem erzählen. Es können Kleinigkeiten sein, die nicht dramatisch sind; aber es tut gut, darüber zu sprechen.

Anschließend erzählst du ihm von deinem Tagesplan: Mit dem Baby zum Kinderarzt, einkaufen, aufräumen etc. Zum Abschluss könnt ihr gemeinsam überlegen, was ihr am Nachmittag zusammen machen möchtet: einen Kuchen backen, ein Bild malen oder ein Buch lesen. Überlege dir Kleinigkeiten, keine großen Events. Wenn dein Kind weiß, dass du dir am Nachmittag für es Zeit nehmen wirst, ist es leichter, sich jetzt zu fügen.

Irgendwann musst du einen Abschluss finden. Biete deinem Kind seine Jacke an, und fordere es auf, jetzt zu gemeinsam gehen.

Es ist wichtig, dass dein Kind ein Gefühl für den neuen Alltag mit Baby entwickelt. Es weiß, dass du mit dem Baby zu Hause bist. Logischerweise möchte es ebenfalls zu Hause bleiben. Aus seiner Sicht bedeutet zu Hause so etwas wie Urlaub oder Wochenende. Das ist das Bild, was es von einem Tag zu Hause hat. Es kann sich nicht vorstellen, dass du noch andere, zu erledigende Termine hast, und gleichzeitig versuchst, beiden Kindern gerecht zu werden. Du kannst deinem Kind helfen, indem du darauf achtest, dass es, wie gewohnt in die Kita geht. Vermeide es, Druck aufzubauen. Sei einfühlsam und gib deinem Kind Zeit, sich dafür zu entscheiden. Sobald es in der Kita angekommen ist, hat es schon vergessen, dass es eigentlich zu Hause bleiben wollte.

Die dritte Herausforderung bei Geschwistern ist der Streit bzw. Konflikt zwischen den Kindern.

Metamorphose in Kürze

Gerade bei vorhersehbaren Situationen ist es wichtig, dass du die Zeit für dich nutzt. Obwohl dein Kind noch keine Ahnung hat, was Zeit überhaupt ist, ist es sehr wichtig, dass du ihm genügend Zeit gibst, damit es sich auf das nächste Ereignis einstellen kann.

Die Trotzphase wird auch Autonomiephase genannt, weil das Kind selbstständiger werden möchte. Es möchte Aufgaben übernehmen, die wichtig für die Gemeinschaft sind. Wenn ich dem Kind eine Aufgabe übertrage, die es gerne macht, und die wichtig für alle ist, schenkt es mir seine volle Aufmerksamkeit. Jetzt können wir beide gemeinsam nach einer Lösung suchen, wie wir das Spiel beenden und auf den Spielplatz gehen können.

Achte beim Essen darauf, dass

- alle gemeinsam am Tisch sitzen,
- jeder seinen eigenen Stuhl hat,
- niemand bei Tisch spielt (auch kein Handy),
- die Mahlzeit gemeinsam begonnen und beendet wird,
- dein Kind nach dem Essen keine *Häpchen* mehr bekommt. Wenn es Hunger hat, kann es am Tisch seinen Teller leer essen.

Will dein Kind partout nicht auf seinem Stuhl sitzen bleiben und steht es ständig auf, schiebe den Stuhl ein paar Zentimeter vom Tisch weg; nur so weit, dass dein Kind nicht mehr an den Tisch herankommt.

Wenn du möchtest, dass dein Kind mit Leichtigkeit aufräumt, musst du vor allem zwei Dinge beachten:

- Mache ein regelmäßiges Ritual daraus, welches du konsequent einhältst.
- Mache ein Spiel daraus, das dem Entwicklungsstand deines Kindes entspricht.

Damit dein Kind leichter über seine Gefühle sprechen kann, eignen sich Puppen und Stofftiere sehr gut. Es kann von seinem eigenen Ich-Bewusstsein Abstand gewinnen und die Situation aus der Position des Beobachters erzählen.

Konflikte meistern

Konflikte entstehen, wenn die eigene Wahrnehmung von der meines Spielpartners abweicht. In dem Kapitel Eltern-Kind-Beziehung haben wir uns mit dem allgemeinen Empfinden und Wahrnehmen in Bezug auf die Entwicklung deines Kindes beschäftigt. Wie nimmt ein 18 Monate altes Kind die Beziehung zu anderen Kindern wahr?

Konflikte entstehen vor allem dann, wenn das eigene Eigentum bedroht ist. Ein Kind mit 24 Monaten empfindet alles als sein Eigentum, was es in die Hand nimmt. Es denkt: "Das ist meins!", egal ob das stimmt oder nicht. Das richtige *Zusammenspielen* muss es erst noch lernen. Dazu braucht es Gelegenheiten, Konflikte zu erfahren.

Viele Eltern sind zunächst einmal verunsichert, wenn ihr Kind auf einmal beginnt, alles Spielzeug in seinem Umfeld als sein persönliches Eigentum anzusehen. Eifersüchtig achtet es auf dem Spielplatz darauf, dass niemand seine Förmchen anfasst, oder gar mit seinem Bagger spielt. Auf der anderen Seite ist das Spielzeug der anderen Kinder viel spannender als das Eigene. Viele Eltern verstehen dieses Verhalten nicht. Einige versuchen, durch ein Überangebot an Spielzeugen, Konflikte gar nicht erst entstehen zu lassen. Sie schleppen eine riesengroße Tüte mit Eimern, Schaufeln, Förmchen, Autos mit zum Spielplatz, und wundern sich, dass ihr Kind trotzdem mit dem Spielzeug der anderen spielen möchte, während es gleichzeitig sein eigenes eifersüchtig verteidigt. Niemand darf damit spielen! Hier ist es wichtig, genau hinzusehen und herauszufinden, welche Dinge deinem Kind wirklich wichtig sind.

Dein Kind hat noch kein echtes Besitzdenken. Dennoch besitzt es bestimmte Dinge, die ihm persönlich sehr wichtig sind. Der eine Eimer, der eine Lkw oder Bagger, das pinke Eisförmchen oder die große Kuchenform, die es von Oma geschenkt bekommen hat. Das sind Dinge, zu denen es einen persönlichen Bezug aufgebaut hat.

Auf der anderen Seite sind die Spielzeuge der anderen Kinder auch interessant. Der andere Junge hat vielleicht einen Betonmischer oder einen größeren Bagger. Das andere Mädchen besitzt vielleicht eine große Auswahl an Eisförmchen oder Eimern.

Du kannst deinem Kind helfen, diesen Konflikt aufzulösen, indem du es darin unterstützt, das eine Ding für sich zu behalten, das ihm wichtig ist. Sollte sich ein anderes Kind dafür interessieren, kannst du durchaus erklären, dass dieses eine Spielzeug für andere Kinder tabu ist. Gleichzeitig kannst du beide Kinder ermutigen, gemeinsam mit den anderen Spielzeugen zu spielen. Z. B. könnt ihr zusammen eine Sandburg mit den Eimern und Förmchen bauen, oder eine Straßenbaustelle aufmachen, auf denen die Fahrzeuge das Baumaterial transportieren. Hilf den Kindern, Lösungen zu finden. Reagiert dein Kind sehr schnell eifersüchtig, wenn andere Kinder mit seinen Sachen spielen, kannst du auch Spielzeuge entfernen und in den Kinderwagen legen. So reduzierst du mögliche Streitpunkte. Die Kinder erhalten leichter einen Überblick und können sich auf eine Sache konzentrieren.

Ein Überangebot an Spielzeugen ist ein häufiger Grund für Streit. Die Kinder wissen nicht, womit sie zuerst spielen sollen. Deine Motivation, durch ein großes Angebot an Spielzeug keinen Streit entstehen zu lassen, führt häufig zum gegenteiligen Effekt. Dein Kind versucht, all seine Sachen zusammen zu halten. Die anderen Kinder versuchen, so viel wie möglich davon zu ergattern. Eine kleine Standardausstattung, die sich stets im Kinderwagen befindet, hilft, hier mehr Ruhe reinzubekommen.

Als Tagesmutter musste ich täglich Streits schlichten und Konflikte auflösen. Dabei war es mir immer wichtig, dass die Kinder möglichst selbstständig dabeibleiben. Wir Erwachsenen verwenden häufig zu viele Wörter, um den Kindern eine Situation zu erklären. Kinder unter sich kommunizieren auf der gleichen Ebene. Beide sind auf Augenhöhe und verfügen über die gleichen Möglichkeiten, um einen Konsens zu finden.

Genau darum geht es, wenn du eine Konfliktsituation richtig auflösen möchtest: Die Kinder sollen lernen, einen Konsens zu finden. Wenn sie lernen, eigene Lösungswege entsprechend ihrem Entwicklungsstand zu suchen, dann werden Streitereien immer seltener und weniger dramatisch.

Du solltest deine Rolle in diesem Fall als Mediator betrachten. Du bist nicht dazu da, um den Streit zu schlichten. Du hilfst deinem Kind, den Streit auf seine eigene, friedliche Weise zu lösen. Im besten Fall finden die Kinder dadurch heraus, wie sie gemeinsam oder zumindest nebeneinander weiterspielen können. Wenn nicht, gehen sie sich aus dem Weg.

Alles, was du dafür brauchst, ist Zeit und Aufmerksamkeit. Setze dich zu den Kindern und lege die relevanten Spielzeuge in die Mitte. Überlegt jetzt gemeinsam, was ihr damit machen könnt. In einem Sandkasten könnt ihr z. B. eine Sandburg bauen. Entsprechend verteilst du Aufgaben: Der Lkw muss mit Sand beladen werden, den Sand kann der Bagger aufladen. Dann transportiert der Lkw den Sand zum Eimer. Dafür wird eine Straße gebraucht, die der Bagger mit der Schaufel schon mal glätten kann. Achte darauf, dass die Kinder die Tätigkeiten selbst ausführen. Sobald du merkst, dass die Kinder im Spielfluss sind, kannst du dich mehr und mehr aus dem Spiel herausziehen. Schreite nicht mehr ein, lobe das spätere Ergebnis.

Konflikte während des Spielens sind wichtig für dein Kind. Auf diese Weise lernt es,

- mit anderen Kindern zu kommunizieren und einen Konsens zu finden,
- eine gesunde Form der Toleranz zu entwickeln, weil es erfährt, dass miteinander mehr möglich ist als allein,
- und es bekommt ein Gefühl dafür, wie es ist, die Emotionen anderer, gleichaltriger Kinder zu spüren.

Davon abgesehen, kann man richtiges Streiten auch lernen.

Streiten

Richtiges Streiten will gelernt sein. Das funktioniert am besten, wenn man sich streitet. Klingt paradox, ist aber der direkteste Weg. Dein Kind lernt dabei auf verschiedene Weise, dass sich Menschen streiten und wie man sich streitet.

Als soziale Lebewesen brauchen wir einen engen Kontakt zu anderen Menschen. Im gegenseitigen Austausch lernen wir Toleranz und persönliche Grenzen. Ich kann einerseits die Eigenarten meines Mitmenschen verstehen und sie akzeptieren; andererseits habe ich meine eigenen Prämissen, die ich verteidige. Toleriert mein Partner diese Prämissen nicht, gibt es einen Streit.

Streit kann auch entstehen, wenn ich unausgeglichen bin, mich nicht gut fühle oder müde bin. Dann kann ein Streit auch dazu dienen, um diese Gefühle auszudrücken und Druck abzulassen. Oftmals genügt dann schon eine Kleinigkeit, damit ich einen Streit beginne oder auf einen Streit eingehe.

Wir brauchen also auf jeden Fall ein Gegenüber, um uns zu streiten. In der Regel hat dieses Gegenüber eine Bindung oder Beziehung zu uns.

Okay, als Erwachsener streiten wir uns manchmal mit fremden Menschen, zu denen wir keine Bindung haben:

- Mit der Politesse, weil sie einen Strafzettel ausstellt, obwohl man doch nur 5 Minuten weg war.
- Mit dem anonymen Kontakt auf Facebook, weil er / sie einen dummen Kommentar geschrieben hat und eh keine Ahnung.

- Mit dem Hundebesitzer, weil der die Häufchen seines Hundes nicht wegmacht.

Es gibt im Alltag viele Situationen, die unser Blut in Wallung bringen, und wir unseren Streitpartner nicht persönlich kennen. Dein Kind würde jedoch nie auf die Idee kommen, sich mit einem ihm völlig fremden Kind zu streiten.

Am leichtesten entsteht ein Streit unter Geschwistern; denn Geschwister sind immer da.

Bei dem Geschwisterstreit geht es nicht nur um ein Spielzeug oder um Recht. Beim gegenseitigen Streiten verteidigen Kinder ihre Position; dies gilt sowohl innerhalb der Familie als auch für ihre innere Haltung. Bereits in den 1920ern hat der österreichische Entwicklungsforscher Alfred Adler in seinem Buch *Menschenkenntnis* die Charakterbildung innerhalb der Familie untersucht. (Adler, 1978) Er fand heraus, dass die Entwicklung bestimmter Eigenschaften, wie Entscheidungsfreudigkeit, das Zulassen von Zärtlichkeiten, Diplomatie oder Selbstständigkeit, von der Familienkonstellation abhängig ist.

Seinen Beobachtungen nach sind vor allem Erstgeborene leistungsorientiert und anpassungsfähig. Zu diesem Ergebnis kam auch eine niederländische Studie der Universität Leiden von 2003 (Rudy Andeweg/ Steef van den Berger, 2003 (Berger, 2003)), in der 1.200 niederländische Politiker befragt wurden. Unter ihnen waren die Erstgeborenen in der Mehrheit. Sandwich-Kinder zeichnen sich vor allem dadurch aus, dass sie sehr kompromissfähig sind und gut vermitteln können. Die Nesthäkchen lernen, als schwächstes Mitglied in einer Familie, Konflikten frühzeitig aus dem Weg zu gehen, und sind sich oft ihrer Rolle als Prinz

/ Prinzessin bewusst. Das setzen sie gezielt für die Erreichung ihrer Ziele ein.

Neben dem Ausfechten der Rangordnung werden im Geschwisterstreit Fähigkeiten wie Konflikt- und Kompromissfähigkeit, sowie die Heranbildung persönlicher Strategien entwickelt und getestet. All diese Fähigkeiten sind entscheidend für die Charakterstruktur.

Wie kannst du als Mutter / Vater dein Kind dabei unterstützen, aus einem Streit - egal ob zwischen Geschwistern oder fremden Kindern - etwas zu lernen?

Einige Eltern gehen sofort *dazwischen*, wenn Kinder sich streiten; andere verhalten sich passiv und möchten sich *am liebsten nicht einmischen*. Sowohl das eine wie das andere Extrem ist nicht empfehlenswert. Dein Kind benötigt deine Begleitung, um sinnvolle Strategien entwickeln zu können, wie man einen Streit auflöst. Empfehlenswert ist es, die Rolle eines Mediators einzunehmen. Je nach Alter und Entwicklungsstand der Kinder solltest du sie dabei unterstützen, Lösungen selbstständig zu erarbeiten, indem du Anregungen und Ideen gibst und gleichzeitig klare Regeln und Grenzen setzt.

Ein Beispiel: In meiner Kindertagespflege hatten wir eine Werkbank mit verschiedenen Werkzeugen sowie ein Spielhaus. Kinder ab 30 Monaten haben meistens angefangen, dieses Spielhaus zu *reparieren*, wie es Papa / Mama zu Hause machen. Dazu war natürlich die Bohrmaschine, die entsprechende Bohrgeräusche machte, immer heiß begehrt und ein häufiges Streitthema. Jeder wollte ständig die Bohrmaschine haben und damit das Haus reparieren. Während ich mich um kleinere Kinder kümmerte, lauschte ich mit einem Ohr immer den Diskussionen um die Bohrmaschine. Dabei konnte ich die Beobachtungen von Alfred Adler sehr gut nachvollziehen. Kinder, die eine dominante Position innerhalb der Gruppe hatten, wurden seltener damit konfrontiert, die Bohrmaschine abgeben zu müssen. Die anderen Kinder akzeptierten es leichter, wenn dieses Kind sie in Gebrauch hatte. Spielte ein Kind damit, dass nicht so anerkannt war, musste es sich häufiger mit der Forderung beschäftigen, die Bohrmaschine abzugeben. Ein schüchternes Kind hingegen kam erst gar nicht auf die Idee, danach zu fragen. Es freute sich, wenn die Bohrmaschine gerade frei war, und gab sie sofort ab, wenn ein anderes Kind danach griff.

Kam es aber doch zum Streit, hörte ich zunächst aufmerksam zu, wie die Kinder untereinander den Konflikt angingen. Gerade Kinder, die es gewohnt waren, immer ihren Willen zu bekommen, konnten es nicht akzeptieren auf die Bohrmaschine zu warten. „Gib mir!", war häufig der Beginn des Konflikts. „Nein!" entgegnete das andere Kind. Die darauf folgende Reaktion, war stets entscheidend dafür, ob ich mich einmischen musste oder nicht. Würde ich mich in den Streit einmischen, müsste ich ihn auch beenden; das war mir klar. Meine einfache Frage lautete stets: „Wer hatte die Bohrmaschine zuerst?". Häufig antworteten beide: „Ich!". Nicht sehr hilfreich. Meine nächste Frage lautete: „Wozu brauchst du die Bohrmaschine?". „Ich will das Dach reparieren.", „Ich will die Wand reparieren."

Konnte ich aus den Antworten erkennen, dass ich ein anderes, gleichwertiges Werkzeug mit ins Spiel bringen konnte, konnte aus dem Streit häufig ein neues Miteinander werden. Ich konnte, in diesem Beispiel, den Hammer als nützliches Werkzeug zum Hausbau einbringen. Damit kann man auf die Wände einhämmern, es macht Krach und Mama / Papa benutzen es zu Hause auch sehr oft. Super Lösung! Funktionierte diese Strategie nicht, legte ich eine Reihenfolge fest: „Du reparierst zuerst das Dach, danach gibst du die Bohrmaschine ab. Du kannst dann die Wände reparieren." Bei diesem Lösungsansatz musste ich als Beobachter dabeibleiben, um einzugreifen, wenn das Dach repariert war. Funktionierte das auch nicht, entfernte ich die Bohrmaschine aus dem Spiel. Gemeinsam suchten wir dann nach einem neuen, mehrfach vorhandenen Werkzeug, womit beide gemeinsam spielen konnten. Als letzte Möglichkeit, den Streit zu schlichten, konnte ich die Bohrmaschine aus dem Spiel nehmen und die Kinder bitten, etwas ganz anderes zu spielen (Lego, Autos, Singen oder Bilderbücher etc.).

Du siehst also, ein wichtiger Punkt ist, Lösungsvorschläge gemeinsam zu erarbeiten. Dadurch sollen die Kinder ihren Fokus erweitern. Erkennen sie, dass ein Miteinander häufig zu einem Mehrwert führt, der Spaß macht und den eigenen Interessen dient, werden sie immer häufiger selbstständig nach Lösungen suchen. Der Konflikt / Streit führt zu einer Erweiterung der Möglichkeiten. Dadurch, dass ich etwas teile, habe ich einen Mehrwert; wir können gemeinsam das Haus reparieren und Handwerker spielen. Es geht nicht mehr darum, etwas zu besitzen, sondern darum etwas zu erreichen. Sollten die Kinder aber genau an diesem Tag nicht in der Lage sein, das zu erkennen, war ich, als *letzte Instanz*, in der Lage die Möglichkeiten zu beschränken, indem ich das entsprechende Spielzeug aus dem Verkehr gezogen habe. Mit der Zeit erkannten die Kinder, dass es sinnvoller ist, nach Lösungen zu suchen, als auf seinem Standpunkt zu beharren. Du, als Mediator, leitest die Kinder an, eine Lösung innerhalb ihrer kognitiven Möglichkeiten zu finden, und bist die Person, die einen Streit auch mal beendet. Auch hier ist es unumgänglich, ein konsequentes Verhalten und Handeln zu beachten.

Beißen, Kratzen, Hauen

Ein Kind in der Trotzphase drückt seine Hilflosigkeit und Überforderung u. a. durch Beißen oder Hauen aus. Ein Albtraum vieler Eltern. Jeder ist zunächst einmal geschockt, wenn er sieht oder hört, dass das eigene Kind ein anderes verletzt hat oder eine Form der Aggression gezeigt hat. Hierbei ist es wichtig, dass du weißt, dass dieses Verhalten nur eine Phase innerhalb seiner Gesamtentwicklung ist, durch die fast jedes Kind durchgeht. Wenn dein Kind sich gegenüber anderen Kindern aggressiv zeigt, bedeutet das nicht, dass es aggressiv ist. Das Beißen ist ein Ausdruck seiner momentanen Gefühle, kein Indiz für seinen Charakter.

Die Psychologin Lilly Kemmler untersuchte 1955 das frühkindliche Trotzverhalten. Das Ergebnis war:

- 86,2 % der beobachteten Kinder zeigten ihren Trotz aktiv, laut und auffällig.
- Nur ein kleiner Teil der Kinder trotzt passiv und still.
- Zum Trotz gehören auch verbale und körperliche Aggressionen:
  - 80 % zeigen aggressive Verhaltensweisen
  - 70 % nehmen einem anderen ein Spielzeug weg
  - 46 % schubsen / stoßen andere Kinder
  - 21 - 27 % beißen, kratzen, schlagen und ziehen andere an den Haaren.

Es gibt Kinder, die leise vor sich hin schmollen oder ein verkniffenes Gesicht machen. Aber es gibt auch die laut Wütenden, die trampeln, schlagen, schreien und sich auf den Boden werfen. Manche Kinder bekommen sogenannte *Affekt- oder Weinkrämpfe*. Sie schreien, laufen blau an oder machen merkwürdige Zuckungen mit Armen und Beinen, sind sogar für einige Minuten schlaff und atmen nur oberflächlich. Dem Erwachsenen jagt dieser Zustand oft einen Schrecken ein, er ist aber völlig harmlos und damit zu begründen, dass die Kinder zu Beginn des Anfalls einfach übermäßig geatmet haben. Trotzdem solltest du die Meinung eines Kinderarztes einholen.

Als Tagesmutter ging ich immer sensibel damit um, wenn ich einem Elternteil berichten musste, dass sein Kind ein anderes gehauen hat oder, dass es sich sehr aggressiv verhielt. Natürlich ist es jedem unangenehm zu hören, dass sein kleiner Schatz einem anderen Kind wehgetan hat. Jede/r Mutter/Vater weiß, dass ihr/sein Kind so ein Verhalten nicht mit Absicht oder Vorsatz an den Tag legt. Kein Kind ist grundsätzlich gewalttätig oder gewaltbereit. Im Gegenteil, jedes Kind besitzt ein natürliches Harmoniebedürfnis. Trotzdem musste ich die Eltern über solche Vorkommnisse informieren. Jetzt war es wichtig, dass sie ihr Kind aufmerksam beobachteten, um bei einer aufkommenden Stress-Situation schnell einschreiten zu können.

Es gibt verschiedene Auslöser, warum ein Kind plötzlich einem anderen Schmerz zufügt. Der häufigste Grund: Das Kind ist mit der aktuellen Situation überfordert. Häufig fiel mir das auf, wenn eine Situation sehr laut und hektisch war; wenn viele Kinder auf einem Fleck standen und schrien, hüpften und tobten. Aber auch ein Streit, bei dem das Kind keinen Ausweg sieht, kann ein Auslöser für eine solche Attacke sein.

Um einem anderen Menschen wehzutun, brauchen wir sehr viel Druck im Inneren. Aggression oder Gewalt sind Ausdruck dafür, dass man mit der Situation überfordert ist. Man möchte sich dem Ganzen entziehen, weiß aber nicht wie. Du kannst das auch an dir selbst beobachten. Wann verlierst du in einer Konfliktsituation die Kontrolle? Zwar haben wir Erwachsenen gelernt, uns bei einem Streit nicht gegenseitig tätlich anzugreifen, doch kennt jeder von uns den heimlichen Wunsch, es manchmal doch zu tun. Dein Kind ist in dem Moment nur authentisch. Dennoch steht zwischen dem Wunsch / Drang zu hauen und es wirklich zu tun, eine natürliche Hemmschwelle. Etwas in uns hält uns davon ab.

Dieses Etwas ist das, was wir über Konflikte in der Autonomiephase gelernt haben. Je nachdem, welche Erfahrungen wir als Kleinkind gemacht haben, sind wir schneller oder weniger schnell bereit, Gewalt gegenüber einem anderen Menschen auszuüben. Selbstverständlich tragen die Erfahrungen unseres gesamten Lebens, vor allem in der Pubertät, sowie unser Temperament dazu bei, ob wir lernen, uns mit Gewalt *Respekt zu verschaffen zu wollen* oder ob wir uns mehr auf Deeskalation konzentrieren und im Bedarfsfall lieber die Situation verlassen. Unsere ersten Erfahrungen machen wir in der Zeit zwischen 18 und 36 Monaten. Daher ist es so wichtig, dass dein Kind jetzt lernt mit diesen starken Gefühlen umzugehen.

Es spielt keine Rolle, ob ein Kind vorwiegend beißt, haut oder an den Haaren zieht. Jede Aggression ist gleichwertig. Das Kind entscheidet, was es bevorzugt. Manchmal gibt es noch nicht einmal eine Vorliebe; das Kind bedient sich aller Mittel. Eine Aggression ist immer ein Zeichen dafür, dass das Kind mit der Situation überfordert ist.

Ich habe vornehmlich zwei Situationen beobachtet, in denen Kinder häufig beißen:

- Ein Streit mit einem anderen Kind, z. B. über ein Spielzeug, oder
- wenn die Situation sehr laut und eng war, also viele Kinder eng beieinanderstanden und laut geschrien oder gelacht haben. Oft, während sich mehrere Erwachsene unterhalten haben.

Ist der Auslöser ein Streit mit einem anderen Kind, z. B. wenn es nur dieses eine Spielzeug gibt, könnte sich das wie folgt abspielen: Dein Kind spielt gerade mit einem Spielzeug, aber ein anderes Kind möchte es auch haben. Die Kinder streiten, wer das Spielzeug haben darf. Weiß sich eines der Kinder nicht mehr zu wehren, kommt es zu Gewalttätigkeiten. Dabei ist es egal, ob du die Situation beobachten konntest oder nicht. Das Beißen kommt wie ein Reflex und kann selten verhindert werden. Umso wichtiger ist es, dem Kind die Möglichkeit zu geben, aus der Situation zu lernen, damit es sie beim nächsten Mal besser lösen kann.

In diesem Fall habe ich das Kind, das gebissen hat, erst einmal aus der Konstellation genommen. Ich setzte es auf einen Stuhl oder eine Bank und bat es, dort sitzen zu bleiben. Dann kümmerte ich mich um das andere Kind. Diese Reihenfolge ist ganz wichtig, denn das angegriffene Kind hat ein Trauma erlebt und braucht zuerst meine Aufmerksamkeit. Schließlich muss ich überprüfen, ob und welche Verletzungen entstanden sind. Dann wird dieses Kind erst einmal getröstet. Konnte ich sicher sein, dass es sich wieder beruhigt hatte, kümmerte ich mich um das angreifende Kind. Natürlich weint dieses Kind genauso wie das andere, häufig noch viel eindringlicher, denn der innere Druck ist bei ihm viel stärker. Es fühlt sich verloren und allein. Was es jetzt braucht, ist keine Standpauke, sondern erst einmal Beruhigung. Wenn es einen Schnuller oder Kuscheltier benutzte, bot ich ihm diese sofort an. Hatte sich die Atmung wieder normalisiert, konnte ich mit dem Kind reden: „Warum hast du das andere Kind gebissen?" Auf diese Frage geben Kinder meist eine präzise und klare Antwort: „Meins!" „Das verstehe ich. Du hast damit gespielt, und das andere Kind wollte auch." Antwort: „JA!", gefolgt von heftigem Schluchzen. „Trotzdem kannst du nicht einfach wehtun", entgegnete ich darauf. „Doch!", kam dann meist zurück. „Wir tun uns gegenseitig nicht weh!", lautete meine Standardantwort darauf.

Mein Ziel war die Herstellung einer möglichst neutralen Situation, damit sich die Kinder vertragen können. Das sollte der Lerneffekt daraus sein: sich zu vertragen.

Wenn ein Kind einem anderen wehtut, braucht es keine Bestrafung. Es muss aus der Situation herausgenommen werden, weil es offensichtlich damit überfordert ist. Der räumliche Abstand ist ein klares Zeichen für das Kind, dass dieses Verhalten falsch war. Ich möchte nicht, dass das Kind sich selbst als *böse* oder *schlecht* empfindet. Ein Kind in diesem Alter ist zu 100 % authentisch und drückt seine Gefühle und Emotionen sofort und ehrlich aus. Es braucht in diesem Moment keine Bestrafung oder Sanktion. Alles, was es lernen soll, ist zu bemerken, wann es mit einer Situation überfordert ist, damit es sich Hilfe holen kann. Das möchte ich beiden Kindern vermitteln.

Im weiteren Verlauf erklärte ich dem angreifenden Kind, dass es dem anderen wehgetan hat und dass dieses sich jetzt verletzt und ängstlich fühlt. Ich ermunterte es, sich zu entschuldigen. Das musste nicht mit

Umarmung oder Küsschen geschehen, aber das Kind musste ihm die Hand reichen, um wieder spielen zu dürfen.

Das angegriffene Kind durfte selbst entscheiden, ob es die Entschuldigung annehmen wollte. Wenn nicht, war es auch gut. Auch Kleinkinder haben ihren Stolz. Wenn es sich immer noch verletzt gefühlt hätte, wäre es nur ehrlich, wenn es die Entschuldigung nicht annehmen wollte. Eine Entschuldigung muss man von beiden Seiten lernen.

Als Konsequenz musste das angreifende Kind erst einmal in meiner Nähe bleiben. Ich wollte dem angegriffenen Kind erst einmal Zeit geben, bis es sich wieder sicher fühlt. Nach ein paar Minuten entließ ich es mit einer deutlichen Ermahnung: "Wenn wir uns wehtun, können wir nicht gemeinsam spielen". Das Spielzeug, das Streitobjekt war, habe ich dann für diesen Tag aus dem Fundus genommen. Niemand konnte mehr damit spielen.

Ab und zu kommt es auch vor, dass es keinen konkreten Anlass für das Beißen gibt. Das Kind beißt einfach so, ohne Vorzeichen. Dieses Verhalten ist nicht vorhersehbar, daher ist es auch schwierig, dem Kind einen Lerneffekt zu ermöglichen.

Es kam selten vor, dass ein Kind ohne erkennbaren Grund, seinen Spielpartner beißt; einfach so. Oft hat dieses Kind danach sogar gelächelt, wenn das gebissene Kind geweint hat. Es schien fast so, als ob eine Absicht dahinterstand, ein Experiment. Wenn du das bei deinem Kind beobachtest, kannst du nur besonders aufmerksam sein.

🦋 Sei beim Spielen mit anderen Kindern möglichst an seiner Seite.

- Achte auf engen Körperkontakt, wenn ihr mit anderen Kindern zusammensteht. Du kannst auch die Hand deines Kindes halten, damit du sofort merkst, wenn es in Richtung eines anderen Kindes geht.
- Wenn sich dein Kind entfernen möchte, ermahne es eindringlich, nett zu den anderen Kindern zu sein. Betone nicht das Beißen, sondern die positive Eigenschaft, die du sehen möchtest.
- Wenn es ein Kind gebissen hat, nimm es sofort aus der Spielsituation. Das Motto sollte sein: "Wer beißt, darf nicht mitspielen."

Es geht bei diesem Verhalten darum, deinem Kind eine direkte Konsequenz auf sein Verhalten zu zeigen. Wenn es anderen Kindern wehtut, kann es nicht mit ihnen gemeinsam spielen. Aber das gemeinsame Spielen ist das Hauptinteresse eines zweijährigen Kindes. Dein Kind wird lernen, dieses Aggressionsbedürfnis zu unterlassen. Es dauert vielleicht ein paar Tage (oder Wochen), aber es hört genauso schnell auf, wie es gekommen ist. Meiner Erfahrung nach geht diese Phase sehr schnell vorbei.

Doch was sollst du tun, wenn du selbst von deinem eigenen Kind gebissen oder gehauen wurdest? Egal, ob dem ein Streit vorausgegangen war oder nicht. Wenn dein eigenes Kind dich beißt oder haut, musst du reagieren.

Du kannst ihm zeigen, dass es dir wehgetan hat und wo es dir wehgetan hat. Lass dabei deine ganze Mimik spielen. Du bist für dein Kind der wichtigste Mensch der Welt. Wenn du mit deiner Mimik und Gestik

Schmerzen und Pein zeigst, wird dein Kind tief berührt sein. Anschließend solltest du es für ein paar Minuten auf Abstand halten, um ihm zu signalisieren, dass du verletzt und verwirrt bist. Es könnte sein, dass dein Kind darauf mit Weinen reagiert. Die Unterlippe flattert und es möchte um jeden Preis wieder in deine Arme. Du solltest jetzt auf jeden Fall ein paar Augenblicke durchhalten, um deinem Kind deutlich zu vermitteln, dass du das nicht tolerierst. Anschließend muss unbedingt eine Versöhnung wieder möglich sein. Nehmt euch in die Arme. Akzeptiere seine Entschuldigung und gib ihm wieder ein positives Gefühl. Wenn sich dein Kind wieder beruhigt hat, könnt ihr darüber sprechen. Vielleicht findest du heraus, welches Gefühl es hatte, als es dich gebissen hat.

Kinderärzte erklären den Drang zu beißen damit, dass das Kind einen inneren Druck verspürt, den es mit seiner Beißkraft ausdrückt. D. h., je stärker ein Kind zubeißt, umso stärker ist der innere Druck, den das Kind empfindet. Haben sich z. B. Veränderungen im Familienleben ergeben (ein Geschwisterchen ist gerade geboren worden oder die Familie ist umgezogen), könnte es sein, dass ein Kleinkind auf einmal diesen starken Drang zu beißen entwickelt. Das ist dann ein Ausdruck von Stress, den das Kind nicht verstehen kann. In dieser Phase ist es wichtig, dass du deinem Kind emotional zur Seite stehst. Reagiere mit klaren Konsequenzen, wenn es sich aggressiv verhält, aber gib ihm viel Liebe und Zuneigung im normalen Alltag. Denk immer daran: Das ist nur eine Phase, die schnell vorbei geht.

Metamorphose in Kürze

Konflikte während des Spielens sind wichtig für dein Kind. Auf diese Weise lernt es,

- mit anderen Kindern zu kommunizieren und einen Konsens zu finden,
- eine gesunde Form der Toleranz zu entwickeln, weil es erfährt, dass miteinander mehr möglich ist als allein,
- und es bekommt ein Gefühl dafür, wie es ist, die Emotionen anderer, gleichaltriger Kinder zu spüren.

Neben dem Ausfechten der Rangordnung werden im Geschwisterstreit Fähigkeiten wie Konflikt- und Kompromissfähigkeit, sowie die Heranbildung persönlicher Strategien entwickelt und getestet. All diese Fähigkeiten sind entscheidend für die Charakterstruktur.

Ein wichtiger Punkt im (Geschwister-) Streit ist, Lösungsvorschläge gemeinsam zu erarbeiten. Dadurch sollen die Kinder ihren Fokus erweitern. Erkennen sie, dass ein Miteinander häufig zu einem Mehrwert führt, der Spaß macht und den eigenen Interessen dient, werden sie immer häufiger selbstständig nach Lösungen suchen.

Es gibt verschiedene Auslöser, warum ein Kind plötzlich einem anderen Schmerz zufügt. Der häufigste Grund: Das Kind ist mit der aktuellen Situation überfordert. Aber auch ein Streit, bei dem das Kind keinen Ausweg sieht, kann ein Auslöser für eine solche Attacke sein.

Wenn ein Kind einem anderen wehtut, braucht es keine *Bestrafung*. Es muss aus der Situation herausgenommen werden, weil es offensichtlich damit überfordert ist. Der räumliche Abstand ist ein klares Zeichen für das Kind, dass dieses Verhalten falsch war. Alles, was es lernen soll, ist zu bemerken, wann es mit einer Situation überfordert ist, damit es sich Hilfe holen kann.

Wenn du bei deinem Kind beobachtest, dass es andere Kinder ohne erkennbaren Grund beißt (oder haut), kannst du nur besonders aufmerksam sein.

- Sei beim Spielen mit anderen Kindern möglichst an seiner Seite.
- Achte auf engen Körperkontakt, wenn ihr mit anderen Kindern zusammensteht. Du kannst auch die Hand deines Kindes halten, damit du sofort merkst, wenn es in Richtung eines anderen Kindes geht.
- Wenn sich dein Kind entfernen möchte, ermahne es eindringlich, nett zu den anderen Kindern zu sein. Betone nicht das Beißen, sondern die positive Eigenschaft, die du sehen möchtest.
- Wenn es ein Kind gebissen hat, nimm es sofort aus der Spielsituation. Das Motto sollte sein: "Wer beißt, darf nicht mitspielen."

Lösungsstrategien

In den vorangegangenen Kapiteln hast du zu den jeweiligen Themen-überschrift bereits Lösungsideen von mir erhalten. Du konntest mitverfolgen, wie ich kritische Situationen in meinem Alltag als Tagesmutter gelöst hatte, und ich habe dir verraten, welche Gedanken und Prämissen ich dabei verfolgte.

Neben dem Wissen, wo dein Kind in seiner Entwicklung aktuell steht, und warum es gerade so reagiert (also, wenn du die Situation mit den Augen deines Kindes sehen kannst), ist es vor allem wichtig, dass du in deinem Verhalten verständlich und nachvollziehbar bist, d. h. konsequent.

Um deinem Kind zu zeigen, wie es eine gesunde Konfliktfähigkeit entwickeln kann, ist es wichtig, dass es in deinem Verhalten einen roten Faden erkennt. Das bedeutet, dass du klare Regeln, Strukturen und Grenzen festlegst, innerhalb derer sich dein Kind sicher bewegen kann, dass du deine Möglichkeiten der modernen Kommunikation einsetzt und auch lernst NEIN zu sagen. Mit diesen Strategien führst du dein Kind sicher durch diese wichtige Entwicklungsphase, weil du selbst mehr Sicherheit bekommst.

Regeln, Strukturen, Grenzen

Regeln sind ähnlich wie Rituale. Sie folgen einem bestimmten Muster und verändern sich nicht. Es gibt Spielregeln, Verhaltensregeln, Verkehrsregeln etc. Regeln vermitteln Werte und Glaubenssätze. Eine Regel gibt Aufschluss über die Reihenfolge und Wertigkeit einer Handlung. Regeln vermitteln Sicherheit und gewährleisten einen reibungslosen Ablauf. Kinder lieben Regeln. Erkennt dein Kind Regeln, wird es sich mit Freude daran halten. Regeln grenzen den Handlungsspielraum ab, indem sich dein Kind sicher bewegen kann. Auch du fühlst dich sicherer innerhalb eines Regelkonstrukts.

Um eine Regel zu erkennen, d. h. eine sichere Abfolge von Handlungen, muss sich diese öfter wiederholen. Nur so wird dein Kind sie annehmen. Wir können hier auch davon sprechen, Strukturen zu erkennen. Eine stabile Struktur ist die Grundlage für Wachstum. Mit einer Struktur erhalten Dinge Stabilität.

Kleinkinder saugen Regeln und Strukturen auf wie ein Schwamm. Sie finden es toll, zu wissen, was als Nächstes kommt und was richtig oder falsch ist.

Während der Entwicklung von der Prägungs- zur Autonomiephase mag es dir manchmal so vorkommen, als ob ausgerechnet dein Kind diese Regeln nicht akzeptiert und sie ständig infrage stellt. Das ist nicht verwunderlich, denn dein Kind scheint mit 30 Monaten nur noch ein Wort zu kennen: WARUM?

Neben dem NEIN ist WARUM das Lieblingswort der meisten Kinder. Das lässt uns leicht zu dem Schluss kommen, dass das kleine Kind eigentlich ein Rebell ist, der keine Regeln oder Struktur akzeptieren will. Das stimmt jedoch nicht.

Über die Fragen verinnerlicht das Kind die erlernten Regeln und Strukturen. In seinem Kopf bekommen sie einen Sinn und damit einen Wert. Es begreift, warum die Dinge so funktionieren, wie du es sagst, weil es die Wiederholung erkennt. Das unendliche Fragen ist keine Provokation, sondern die Art deines Kindes, zu lernen. Als Baby war die ganze Welt einfach da. Sie war in Ordnung, so wie sie ist. Dein Kind hatte noch kein Bewusstsein dafür, wie die Dinge zusammengehören. Es fragte sich nicht, ob es das auch selbst kann. Aber mit zunehmender Selbstständigkeit in seinen motorischen und sprachlichen Fähigkeiten, möchte dein Kind das Muster (die Struktur) verstehen, um sie selbst anwenden zu können.

Regeln und Strukturen werden durch Grenzen eingerahmt. Indem du eine Grenze setzt, setzt du einen Schlusspunkt. Auch im menschlichen Miteinander setzen wir täglich Grenzen. Du entscheidest, was du möchtest oder nicht, wozu du bereit bist oder eben nicht. In einem Streit erkennen, setzen und verteidigen wir unsere Grenzen. Dabei gibt es verschiedene Arten von Grenzen:

- Offensichtliche Grenzen
  Zum Beispiel die Unversehrtheit von Körper und Besitz eines anderen Menschen oder die Beachtung von Gesetzen.

- Gesellschaftliche Grenzen
  Benimm- oder Verhaltensregeln, die gesellschaftlich anerkannt sind.

Persönliche Grenzen
Was ist dir persönlich unangenehm und womit möchtest du dich nicht weiter beschäftigen?

Bezogen auf die Trotzphase eines Kindes sind Grenzen sehr wichtig. Dein Kind muss diese Grenzen erst erlernen, um sie zu akzeptieren.

Befindet sich dein Kind mitten in einem Trotzanfall, spürt es in sich einen Konflikt zwischen seinem Sein und seinem Ich-Bewusstsein. Es möchte seine persönliche Erwartung selbst erfüllen, seinem Wunsch / Ziel jetzt nachgehen und gerät dabei in einen Konflikt mit dir und deinen Vorgaben. Diesen Konflikt kann es nur lösen, indem es deine Grenzen akzeptiert und sich ihnen fügt.

Im vergangenen Jahrhundert wurden Grenzen oft mit Kraft und Autorität durchgesetzt. Das galt auch für das Erlernen der Regeln. Wollte ein Kind nicht richtig *funktionieren* und weinte oder weigerte sich, etwas Bestimmtes zu tun oder zu unterlassen, wurde es *mit einem Klaps auf die Finger oder den Po* gemaßregelt. Das war gesellschaftlich anerkannt. „So ein Klaps hat noch niemandem geschadet", oder „Kleine Schläge auf den Hinterkopf erhöhen das Denkvermögen", waren beliebte Floskeln, um die Hilflosigkeit der Bezugsperson zu rechtfertigen. Das Kind konnte dabei vor allem lernen, dass der Stärkere die Regeln und Grenzen aufsetzt und dass es wichtig ist, sich dem unterzuordnen.

Um einem Kind dabei zu helfen, sich zu einem selbstbewussten Erwachsenen zu entwickeln, sollten Grenzen vor allem neutral sein. Neutral bedeutet ohne Schuldzuweisung oder Moral. Nicht das Kind ist schlecht, böse oder unzumutbar, sondern sein aktuelles Verhalten.

Damit dein Kind diese Grenzen begreifen und daraus lernen kann, solltest du klare Ich-Botschaften verwenden. Teile ihm mit, wie sein Verhalten gerade auf dich wirkt. Sage beispielsweise: „Meine Ohren tun mir weh, wenn du so laut schreist. Sprich bitte leiser." Damit erfährt dein Kind, wie sein Verhalten auf dich wirkt. Dies ist die beste Art Grenzen zu setzen, ohne das Kind zu beschämen. Die Kinder lernen durch die Ich-Aussagen, dass andere Menschen anders fühlen, denken und wahrnehmen als sie selbst. Auf diese Weise findet beim Kind eine Perspektivübernahme statt. Es ist außerdem sehr wichtig, dass das Kind das Gefühl hat, verstanden zu werden.

Gleichzeitig solltest du mit deiner Ich-Botschaft eine klare Anweisung verbinden. Es geht nicht darum, dein Kind zu überzeugen, mit dem Verhalten aufzuhören. Argumente verwirren es nur, da es noch nicht über so einen großen Wortschatz verfügt, wie du. Wenn es darum geht, dass dein Kind an deiner Hand bleibt, während ihr an einer belebten Straße entlang geht, musst du ihm nicht die StVO erklären. Ein einfaches: „Hier fahren Autos, gib mir bitte deine Hand!" reicht als Erklärung völlig aus. Dein Kind weiß nicht, was es bedeutet, von einem Auto angefahren zu werden.

Als Mutter und Tagesmutter lege ich dir ans Herz: Halte Regeln, Strukturen und Grenzen möglichst klar und einfach, denn du wirst an ihnen gemessen!

Mögliche Auswirkungen bei inkonsequentem Handeln

Wenn du Anweisungen, Verbote oder Grenzen oft rückgängig machst, dich leicht erweichen lässt und nachgibst, kann es zu einer sog. *Trotzfixierung* bei deinem Kind kommen. Das bedeutet, dass dein Kind lernt, auf welche Weise es seinen Wunsch letzten Endes durchsetzen kann. Daraus entsteht ein Machtkampf zwischen dir und deinem Kind. Es entwickelt regelrechte Strategien, wenn es auf Widerstand stößt.

Ein Beispiel: Dein Kind möchte im Supermarkt den kleinen Einkaufswagen selbst schieben. Du sollst den Wagen nicht mitschieben, nur den Einkauf hineinlegen. Dein Kind kann aber noch nicht mit dem Wagen geradeaus fahren oder auf andere Personen achten. Zu oft stößt es an Ecken oder fährt gegen Regale. Du bietest deinem Kind an, es beim Schieben zu unterstützen. Dein Kind will jedoch nicht. Wütend schreit und weint es, und weigert sich, einkaufen zu gehen. Da du selbst den Einkauf schnell hinter dich bringen möchtest, gibst du nach und lässt dein Kind allein den Einkaufswagen schieben. Jedes Mal, wenn du ihm helfen möchtest, wirst du von ihm ermahnt, die Hände wegzunehmen. Der Einkauf wird echt anstrengend.

Was dein Kind daraus lernt, ist: Es muss nur lange genug schreien, damit du nachgibst.

Der von vielen Eltern beschriebene ewige Kampf ums Anziehen, Zähneputzen, Schlafengehen, Einkaufen usw., entsteht meist dadurch, dass sie nicht konsequent in ihren Aussagen bleiben.

Ich weiß, nicht jeder Tag ist gleich, und du hast auch nicht immer die nötige Geduld, um in allen Situationen richtig zu reagieren. Aber dein Kind weiß das nicht. Für es gibt es keinen Alltag / Sonntag. Es merkt nicht, dass es selbst heute mehr gestresst ist als gestern; dass du vielleicht weniger aufmerksam bist als sonst, weil du dich gedanklich mit einem Problem beschäftigst. Alles, was dein Kind weiß, ist, dass es diese eine Sache gerade haben oder tun möchte, oder eben nicht. Dieser Konflikt ist jedes Mal neu. Die Herausforderung, jedes Mal bei deiner Aussage zu bleiben, wird für dich nie zur Routine werden.

Ein verwöhnendes Nachgeben schafft ungebärdige, unleidliche Kinder, die keine Grenzen akzeptieren. Wenn ein Kind mit Trotzverhalten seine Ziele erreicht, kann sich das vom sog. *angerichteten Trotzaffekt* zum bewusst eingesetzten Mittel entwickeln, das dem Kind bei der Durchsetzung seiner Wünsche hilft. Da das Kind gelernt hat, dass seine Wünsche auf diese Weise befriedigt werden, wird es auch sein weiteres Leben mit Aufsässigkeit und Widerstand gestalten. Das Kind wird sich nur schwer anpassen können und Schwierigkeiten haben, Unterstützung von anderen anzunehmen.

Wenn du das vermeiden möchtest, solltest du folgende Punkte beachten:

- Sei aufmerksam, wenn sich ein Trotzanfall ankündigt.
  Auch wenn du gerade gar keine Lust / Zeit hast, den Trotzanfall deines Kindes mit Geduld und Ruhe abzufangen, solltest du es aufmerksam beobachten. Lege nicht so viel Energie in die Vermeidung des Wutausbruchs, sondern versuche etwas Abstand zu der Situation zu bekommen, damit du nicht impulsiv und vorschnell reagierst.

- Schenke deinem Kind deine ungeteilte Aufmerksamkeit
  Suche den Augenkontakt zu ihm. Sollte das nicht möglich sein, dann bleib in seiner Nähe und verhalte dich passiv.

- Setze deine Grenzen und Konsequenzen bewusst.
  Wenn dir dein Kind wieder zuhört, setze ihm einfache Grenzen, die es verstehen kann (in unserem Beispiel mit dem Einkaufswagen: „Nein, wir schieben den Wagen zusammen, oder gar nicht!"). Gib deinem Kind nicht mehrere Optionen zur Auswahl. Gib ihm keine Erklärungen. Du setzt die Grenzen und bestimmst die Bedingungen.

- Warte ab und bleibe bei deiner Aussage.
  Wenn du die Grenzen und Konsequenzen einfach gehalten hast, wird es für dich auch möglich sein, bei deiner Aussage zu bleiben. Vermeide Wenn-Dann-Optionen („Wenn du jetzt aufhörst zu weinen, und wir alles haben und zur Kasse gehen, dann darfst du den Wagen allein schieben"). Es gibt keine Alternative zu deiner Aussage. Vor allem solltest du selbst davon überzeugt sein. Falls weitere Erwachsene anwesend sind (der Vater oder deine Mutter), lass dich von ihnen nicht beirren. Alles, was du an dieser Stelle tun musst, ist abwarten und deinem Kind Zeit geben, über die Konsequenzen nachzudenken sowie konsequent bei deiner Ansage zu bleiben.

Gerade andere Erwachsene mit einer engen Beziehung zu deinem Kind, machen es einem manchmal sehr schwer, konsequent zu bleiben. Wie oft habe ich meine eigene Mutter in die Wüste gewünscht, wenn wir zu dritt Einkaufen waren und sie sich in meine Erziehung eingemischt hat, weil sie *die gute Oma spielen wollte*! Dann hatte ich es nicht nur mit meinem Kind zu tun, das genau jetzt meine Führung brauchte, sondern auch mit einer erwachsenen Person, die sich auf einmal als Anwalt des Kindes aufspielte; und ihm damit mehr schadete, als nutzte.

Das nächste Kapitel wird dir helfen, deinem Kind klare Strukturen und Grenzen zu vermitteln.

Kommunikation

Kommunikation bestimmt unser Leben. Als soziale Wesen sind wir darauf angewiesen uns selbst und unser Verhalten in anderen zu spiegeln. Wenn uns das fehlt, wenn wir zu lange allein sind oder uns nicht mit vertrauten Menschen austauschen können, beginnen wir, mit uns selbst zu sprechen. Alles, was wir fühlen oder denken, diskutieren wir und teilen es mit. Nicht nur mit unserer Stimme oder über Medien, wie Handy oder Laptop, sondern mit unserer ganzen Art. Wir haben eine bestimmte Körperhaltung, die unserer Umwelt signalisiert, wie wir uns fühlen. In Gesprächen bewegen wir unsere Augen, um nach Worten zu suchen, die unsere Gedanken am besten beschreiben. Und mit unserer Mimik und Gestik unterstreichen wir das Gesagte, um ihm mehr Ausdruck zu verleihen. Unser Gegenüber braucht diese Art nonverbaler Kommunikation, um zu wissen, wie wichtig oder ernst gemeint unsere Aussagen sind, um entsprechend darauf reagieren zu können.

Trauer oder Wut bringen wir nicht nur mit der Lautstärke und dem Tonfall unserer Stimme zum Ausdruck. Wir kräuseln unsere Stirn, machen die Augen schmal, ziehen die Schultern hoch und verkrampfen unsere Hände. Bei Freude machen wir große Augen, schauen ganz ruhig und selig auf das, was uns die Freude gerade bringt, strecken den Hals, öffnen unsere Hände und lächeln. Alle Zwischentöne dieser Emotionen, drücken wir ebenso mit unserem ganzen Körper aus.

Dein Kind lernt, mit der Zeit diese Körpersprache zu lesen und zu interpretieren. Mit ca. drei Monaten erkennt es dein Gesicht und lächelt dich an. Es reagiert auf deine Stimme und

deine Berührungen. Es sucht nach Mustern, an denen es erkennen kann, ob die Person vor ihm freundlich ist oder nicht. Diese Fähigkeit ist wichtig für sein Überleben. Daher gewöhnt sich dein Kind von Anfang an, dich und jede weitere Bezugsperson genau zu beobachten. Auf diese Weise baut es Vertrauen auf.

Ein wütendes oder trotzendes Kind braucht eine Person, zu der es Vertrauen hat. Sie gibt ihm die Sicherheit, die es braucht, um sich wieder zu beruhigen. Daher ist es wichtig, dass du bei einem Wutanfall dieses Vertrauen vermittelst. Bleibe ruhig und verhalte dich eher passiv. Warte ab, bis der Wutanfall wieder abflacht, und schenke deinem Kind dann Geborgenheit.

Das hat nichts mit Verwöhnen oder Belohnen zu tun. Du reagierst auf die Emotionen deines Kindes, nicht auf seinen Wunsch. Die richtige Kommunikation bei einem Trotzanfall ist die, die dem Kind Vertrauen und Sicherheit vermittelt.

Ein Kind möchte nicht austesten, wer der Stärkere ist oder wie weit es gehen kann. Wie du oben bereits gelesen hast, ist die Trotzphase eine Entwicklung vom rein instinktgesteuerten Seinswesen hin zu einer eigenen Identität. Die Erfahrungen, die es in dieser Zeit macht, prägen diese Identität. Wenn es Verständnis, Anteilnahme und eine klare Führung erfährt, wird es lernen, seine Gefühle anzunehmen und Grenzen zu akzeptieren. Es versteht, dass ein Nein nicht persönlich gemeint ist, sondern sich auf das momentane Verhalten bezieht. Dieser Erkenntnisprozess ist ein Meilenstein hin zu einem selbstbewussten Menschen.

Vertrauen aufbauen

Vertrauen gehört zu unseren Grundbedürfnissen. Wir alle brauchen Vertrauen, um uns zu entspannen. Wenn unsere Sinne ständig damit beschäftigt sind, unsere Umgebung zu scannen, und wir uns dabei immer unsicher fühlen, können wir uns nicht entfalten. Wenn du im Auto einen unbekannten Weg ohne Navi fährst und du zusätzlich noch stark auf den Verkehr achten musst, kannst du dich nicht auf die Umgebung konzentrieren.

Wenn du kein Vertrauen gegenüber deinem Gesprächspartner hast, magst du ihm nicht glauben, was er dir sagt.

Für die gesunde Entwicklung deines Kindes ist Vertrauen ein absolutes Muss. Darum vertrauen Kinder ihren Eltern blind. Dein Kind hat keine Wahl, ob es dir vertrauen kann oder nicht. Es hinterfragt nicht, was du tust oder sagst. Für dein Kind ist es ein unumstößliches Naturgesetz, dass du für es da bist und dass seine Umgebung so richtig ist, wie sie ist. Es ist völlig egal, wie ein Kind behandelt wird oder wo es aufwächst; aus der Sicht des Kindes ist es richtig und gut, so wie es ist. Und wie die Dinge sind, lernt es jeden Tag.

Um zu erkennen, ob das, was es verstanden hat, auch richtig ist, beobachtet dein Kind deine Mimik und Gestik. Wenn du ihm sagst: „Ich liebe dich", aber deine Mimik nicht zu den Worten passt, kann dein Kind nicht verstehen, was du meinst. Es versucht, die Worte zu begreifen, ist aber verwirrt von dem, was es beobachtet. Sei ehrlich zu deinem Kind, es erkennt eine Lüge an deiner Nasenspitze.

Kam ein neues Kind in meine Kindertagespflege und war mit seiner Mutter / Vater zur Eingewöhnung da, musste ich zunächst das Vertrauen des Kindes gewinnen, bevor wir die Trennung durchführen konnten. Ich meine, auch das Vertrauen der Eltern, dass ich das Kind gut versorge, war wichtig. Viel wichtiger war es jedoch, das Vertrauen des Kindes zu gewinnen, damit es sich von seiner Bezugsperson lösen konnte. Des Weiteren mussten die anderen Kinder Vertrauen zu dem neuen Kind gewinnen. Neben den oben angesprochenen Strukturen, Grenzen und einem konsequenten Verhalten, baut ein Kind vor allem dann Vertrauen auf, wenn die nonverbale Kommunikation (Mimik, Gestik) mit der verbalen Kommunikation (Stimme, Aussage) übereinstimmt. Ich musste mit meinem Körper meinen Worten Ausdruck verleihen.

Vor allem die Stimme in ihrer Lautstärke und Tonlage ist ein wichtiges Werkzeug. Ich leitete meine Gruppe den ganzen Tag mit meiner Stimme. Du kannst mit deiner Stimme die Aufmerksamkeit eines Kindes auf dich ziehen. Du kannst eine Aussage mithilfe deiner Stimme untermauern und du kannst die Stimmung im Raum mit deiner Stimme lenken.

Eine tiefe Tonlage und deutliche Aussprache bedeuten: „Hör mir gut zu. Ich meine, was ich sage!". Eine hohe Tonlage signalisiert Freude und Spaß. Mit ihr will ich zum Ausdruck bringen: „Kommt alle her, hier passiert etwas!". Wenn ich leise spreche, wird es spannend. Wenn ich laut spreche, möchte ich etwas mitteilen. Passend dazu müssen meine Mimik und Gestik gestaltet sein. Je deutlicher ich mich ausdrücke, umso leichter fällt es dem Kind, meine Worte zu verstehen. Wenn es dann noch lernt, dass ich immer das meine, was ich sage, ist es ganz einfach für das Kind, mir zu vertrauen. Und je besser mir das Kind vertraut, umso mehr Freiheiten kann ich ihm zugestehen. Das ist ein gegenseitiges Geben und Nehmen.

Bezogen auf die Trotzphase eines Kindes kannst du mit deiner Stimme eine Menge bewirken. Wenn dein Kind schreit oder weint, senke deine

Stimme. Mach sie tiefer und leiser. Du wirst es nicht schaffen, gegen dein Kind anzuschreien. Kleinkinder können problemlos stundenlang schreien, ohne heiser zu werden. Ich bin schon nach ein paar Minuten fertig und japse nach Luft.

Hatten sich in meiner Kindertagespflege zwei Kinder gestritten und war vielleicht noch eines davon aggressiv, ist die ganze Stimmung sehr emotional. Beide Kinder weinen und sind in ihrem Schmerz oder ihrer Wut gefangen. Für das Kind ist in diesem Moment die ganze Welt voller Schmerz und Frust. Es steckt in seiner eigenen Emotion fest. Jetzt kann ich mit meiner Stimme und Mimik die Situation steuern.

Zunächst unterbrach ich durch mein Verhalten und meine Worte den Streit indem ich mich zwischen die beiden Streithähne stellte. So konnte ich zu beiden Augenkontakt halten und mit meiner Mimik ausdrücken, dass ich diese Situation nicht gut finde. Ich war ernst und sprach betont deutlich, mein Blick war ernst und meine Körpersprache angespannt. Nachdem ich erfahren hatte, was geschehen war, konnte ich entsprechend darauf reagieren. Ich konnte das eine Kind trösten und das andere beruhigen. Anschließend war es mir möglich, die Situation aufzulösen, so wie ich es dir bereits in den vorigen Kapiteln geschildert hatte.

Über das Vertrauen der Kinder zu mir, dass ich dafür sorge, dass alles wieder gut wird, konnte sich die Situation schnell entspannen. Die Kinder vertrauten mir ihre Sorgen, Ängste und Gefühle an und waren grundsätzlich offen für Lösungsvorschläge. Dieses Vertrauen konnte sich aufbauen, weil meine Körpersprache zu dem passte, was ich sagte und tat. Sie wussten immer, was ich wollte, und dass es keine Alternative zu meinem Willen gibt. Dieses Zusammenspiel zwischen Ausdruck und konsequentem Handeln - eine Entscheidung zu treffen, eine An-weisung zu geben oder einen Befehl, etwas zu unterlassen und das un-bedingt in die Tat umzusetzen -, bildet Vertrauen.

Es mag sein, dass es einem Kind nicht gefällt, was ich sage. Ein Kind lernt über das Vertrauen, dass es zu mir hat, dass das, was ich sage, auch eintreffen wird. Es lernt, sich in eine Situation zu fügen, ohne dass ich dabei seinen Willen brechen muss.

Genau das ist der Vorteil, wenn dein Kind unbedingtes Vertrauen zu deinen Worten und Taten hat: Es lernt, sich einer Situation zu fügen, ohne dass sein Wille gebrochen wird.

Um dir das deutlicher zu erklären, möchte ich noch einmal das Beispiel „Schlaf" heranziehen: Mit ca. 30 Monaten wird es immer schwieriger, ein Kind schlafen zu legen, egal ob mittags oder abends. Es fühlt sich nicht müde, möchte gerne so lange aufbleiben wie die Großen und testet gerade seine Grenzen aus. Eltern berichteten mir in dieser Zeit häufig, dass ihr Kind immer mehr Stress macht, wenn es ins Bett soll. Es diskutiert, trotzt, lenkt ab und versucht alles, um das Schlafen zu verzögern. Bei mir zeigte das Kind niemals solche Reaktionen. Genauso wie die anderen Kinder ging es fröhlich ins Schlafzimmer, ließ sich aus-ziehen, ging ins Bett und genoss das Einschlafritual. Was lief bei mir anders als bei dem Kind zu Hause?

Na klar, ich hatte den Druck der Gemeinschaft auf meiner Seite. Dadurch, dass alle Kinder bei mir zur gleichen Zeit im selben Raum schliefen, gab es keinen Anreiz, nicht zu schlafen. Aber vor allem habe ich dem Kind keine Wahlmöglichkeiten gelassen. Durch meine Art und Handlungsweise kam das Kind gar nicht auf die Idee, den Mittagsschlaf ausfallen lassen zu wollen. Fragte ein Kind: „Spielen?", habe ich daraus einen Spaß gemacht. Mit meiner dunkelsten Stimme und ernstem Blick antwortete ich: „Neeeiiiiinnnn". Daraufhin fragte das Kind: „Bett?", worauf ich fröhlich antwortete: „Ja!". Ich hatte mit meiner ganzen Mimik und Gestik deutlich gemacht, dass es keine Alternative zum Mittagsschlaf gibt. Die Kinder fühlten sich dadurch nicht unterdrückt oder unter Zwang. Wenn ich mir sicher bin, was ich von den Kindern möchte, kann ich das freundlich vermitteln und vielleicht ein Spiel daraus machen, wie in diesem Beispiel. Wichtig war, dass ich nicht böse oder ungeduldig wurde.

Gefühle spiegeln

Bei einem Konflikt stehen sich mindestens zwei Parteien gegenüber; egal, worum es geht. Jede Seite hat ihre eigene Sichtweise. Um einen möglichst harmonischen Ausweg und eine einfache Lösung aus der Situation zu finden, ist es wichtig, dass sich jede Partei in dieser wiederfindet. Jeder möchte das Gefühl haben, verstanden zu werden. Jeder hat einen guten Grund, warum er sich einer Situation verweigert.

Aus der Sicht deines Kindes ist es völlig verständlich, dass es jetzt gerade weint und schreit, kämpft oder sauer und frustriert ist. Auch du hast stets eine gute Begründung, warum du gerade heute nicht die nötige Geduld aufbringst, um auf die Trotzreaktion deines Kindes einfühlsam zu reagieren.

Versetze dich in die Lage deines Kindes. Wie sieht die Situation aus seiner Sicht aus? Wenn du es mit seinen Augen betrachtest, welche Gefühle und Gedanken kannst du bei dir wahrnehmen? Zeige ihm, dass du es verstehen kannst; genau das bedeutet es, Gefühle zu spiegeln.

In der Gewaltfreien Kommunikation (GfK) nach Rosenberg geht es vor allem darum, mit dem Herzen zu sprechen. Rosenberg verwendet bildhaft die Giraffe. Als größtes Landsäugetier besitzt sie ein riesiges Herz. Rosenberg überträgt das auf die sog. *Giraffensprache*. In unserer Gesellschaft steht das Herz für Liebe und Zuneigung. Es soll signalisieren: Ich erkenne dich und achte dich. Ich tue dir nicht weh, sondern respektiere deine Gefühle und Bedürfnisse.

Häufig kritisieren wir unseren Gesprächspartner und sind in Gesprächen und Diskussionen sehr schnell mit einer Bewertung. Wir sagen: „Du hast das gesagt / getan!", „Du tust mir weh!", „Das ist falsch!", „Du bist schlecht / dumm / böse!". Wir kritisieren, loben, analysieren, interpretieren, drohen oder stellen Forderungen.

Die Giraffensprache nach Rosenberg achtet und beschreibt Gefühle und Bedürfnisse. Der Respekt vor dem anderen und dessen eigene Sichtweise steht in der Kommunikation ganz weit oben.

Wenn ein Kind trotzt und seine Wünsche im Gegensatz zu dem stehen, was du sagst, sucht es selbst nach einem Ausweg, um wieder in die innere Balance zu kommen. Nur kann es den gerade nicht sehen. Es braucht dich als Führungsperson, die ihm zeigt und erklärt, wie man einen Konflikt auflösen kann. Als Wesen mit einem eigenen Ich-Bewusstsein, möchte es auch von dir verstanden werden. Manchmal ist es notwendig, dass du deinem Kind sagst, wie du seine Gefühle ausdrücken würdest.

Ein Beispiel: Ein Kind möchte sich morgens nicht von seiner Mutter verabschieden. Es hätte lieber den Tag mit ihr verbracht, als in meiner Kindertagespflege zu sein. Das kam häufig vor, wenn das Kind die Tage zuvor krank war und mit Mama zu Hause blieb. Der Abschied verlief tränenreich und lautstark. Ich nahm das Kind dann in den Arm und führte folgenden Dialog:

Ich: „Du hast heute keine Lust auf Bim Bam Boo, stimmt's?"

Kind nickt, dreht sich um und weint.

Ich: „Du wärst lieber mit Mama zu Hause geblieben?"

Kind: „JA!"

Ich: „Das kann ich gut verstehen. Ihr habt sicher gestern viel gekuschelt, als du krank warst, oder?"

Kind: „JA!"

Ich: „Das war sicher schön. Deine Mama hat es bestimmt auch genossen, so viel Zeit mit dir zu haben. Sie hat dich ganz doll lieb."

Kind: „JA!"

Ich: „Aber heute geht es dir zum Glück wieder gut. Wir haben dich sehr vermisst und uns heute auf dich gefreut. Wir sind froh, dass du wieder da bist. Und deine Mama ist froh, dass sie jetzt wieder arbeiten gehen kann. Sie freut sich sicher auch auf ihre Kollegen. Wenn sie weiß, dass es dir gut geht, kann sie auch Spaß haben und holt dich fröhlich wieder ab, wenn sie fertig ist mit Arbeiten."

Kind: „Nach dem Schlafen."

Ich: „Genau, nach dem Schlafen kommen die Mamas und holen alle Kinder ab. Und deine Mama kommt auch und holt dich ab."

So, oder so ähnlich verlief ein Dialog in dieser Situation immer. Ich wollte dem Kind das Gefühl geben, dass ich seine Situation verstehe. Falls ich an einem Morgen mal keine Lust zum Arbeiten hatte, habe ich das dem Kind gegenüber auch gesagt. Aber gleichzeitig zeigte ich ihm die positiven Seiten auf und lenkte seine Aufmerksam-

keit darauf. So fühlte es sich einerseits nicht so allein (da ich ihm sagte, wie ich mich in seiner Situation fühlen würde) und andererseits habe ich seine Aufmerksamkeit auf etwas gelenkt, was es gerne hatte (die Gemeinschaft und / oder spezielle Kinder oder geplante Aktivitäten, die es mochte).

Auch bei einem Streit oder Trotzanfall kannst du so reagieren. Wenn sich dein Kind soweit beruhigt hat, dass du mit ihm reden kannst, versetze dich in seine Lage, und stelle dir vor, warum sich dein Kind so fühlt, wie es sich gerade fühlt. Betrachte die Situation mit seinen Augen, und stell dir vor, welche Gedanken du an seiner Stelle hättest.

Egal, um welche Art von Streit oder Konflikt es in meiner Kindertagespflege ging. Es war mir immer wichtig, dass sich alle Kinder wohlfühlten. Keines sollte sich schlecht oder ausgegrenzt fühlen. Ich wollte nie ein Kind *maßregeln*. Wenn ein Kind trotzt, drückt es einen inneren Konflikt oder eine emotionale Überforderung aus. Um ihm zu helfen, braucht es Verständnis, Geduld und Liebe; aber auch Führung und konsequentes Verhalten.

Wolf- vs. Giraffensprache: die Kunst der Ich-Botschaften

Wenn wir über moderne Kommunikation sprechen, möchte ich an dir an dieser Stelle die Grundlagen der Kunst der Ich-Botschaften in der Gewaltfreien Kommunikation (GfK) näherbringen.

In der GfK unterscheidet Rosenberg zwischen der Wolf- und der Giraffensprache.

So spricht der Wolf	So spricht die Giraffe
Der Wolf spricht über andere.	Die Giraffe beschreibt, was sie sieht.
Der Wolf sagt gemeine Dinge zu anderen.	Die Giraffe spricht über ihr eigenes Empfinden.
Der Wolf greift andere an und benutzt Schimpfwörter.	Die Giraffe erklärt, warum sie sich so fühlt.
Der Wolf erteilt Kommandos.	Die Giraffe bittet um etwas und wünscht sich etwas.
Der Wolf gibt anderen die Schuld an seiner Situation.	Die Giraffe sucht nach Gemeinsamkeiten.

Wie du siehst, versucht der Wolf vor allem seinen Gesprächspartner zu attackieren. Die Giraffe beschreibt vornehmlich ihre Gefühle und Wünsche. Somit gibt sie ihrem Gesprächspartner die Möglichkeit zuzuhören, anstatt sich zu verteidigen.

In unserer alltäglichen Kommunikation verfallen wir nur allzu leicht in die Wolfssprache. Schnell geben wir die Schuld für eine Situation an andere weiter. Der Verkehr ist schuld, dass ich zu spät zu einem Termin komme. Der Schlafmangel ist schuld, dass ich mich nicht konzentrieren kann. Mein bockiges Kind ist schuld, dass ich die Geduld verliere. Was wir eigentlich damit ausdrücken wollen ist, dass wir uns mit einer Situation überfordert fühlen oder eine Situation nicht verstehen; dass wir uns mehr Ruhe und Ausgeglichenheit wünschen, aber nicht wissen, wie wir sie erreichen können; und dass wir häufig, das Gefühl haben, den eigenen Ansprüchen nicht gerecht werden zu können. Der Wolf verteidigt sich, indem er angreift.

Die Giraffe hingegen hört auf ihr Herz. Sie ist sich ihrer Unvollkommenheit bewusst und akzeptiert sie. Sie redet offen über ihre momentanen Gefühle und fragt ihren Partner nach Lösungsmöglichkeiten. Damit gibt sie ihrem Gegenüber die Chance, sich ebenfalls zu öffnen, und lässt Raum für andere Blickwinkel. Das sollte die Art sein, in der wir mit unseren Kindern in dieser verwirrenden Zeit sprechen. Die Kinder sind selbst verwirrt über ihre Emotionen und streben nach innerer Ausgewogenheit und Frieden.

Ein Kind ist grundsätzlich fröhlich und lacht über 400-mal pro Tag. Es ist vollauf damit beschäftigt zu lernen, und konzentriert seine ganze Energie auf seine Entwicklung. Konflikte liegen nicht in seiner Natur.

Wenn du dir angewöhnst, gerade in schwierigen Situationen mit deinem Kind in Ich-Botschaften zu reden, zeigst du ihm, wie es über seine Gefühle reden kann und wie es damit Lösungswege erkennt.

Eine vollständige Ich-Botschaft setzt sich aus vier Schritten zusammen:

Schritt	Beispiel
1. Beschreibe die Situation.	*Du möchtest den Einkaufswagen allein schieben, obwohl du das noch nicht so gut kannst, und ich darf dir nicht dabei helfen.*
2. Beschreibe deine Gefühle, die du dabei empfindest.	*Ich bin nervös und genervt, weil ...*
3. Welche Auswirkungen hat diese Situation?	*... wir anderen Menschen damit weh tun könnten, wenn wir ihnen in die Hacken fahren. Und wir brauchen viel länger für den Einkauf.*
4. Formuliere deine Bitte / Wunsch.	*Bitte lass uns den Einkaufswagen gemeinsam schieben.*

Du kannst gerne deine eigenen Beispiele aus deinem Alltag dort einfügen. Probiere es aus und mach deine eigenen Erfahrungen. Am Anfang fühlt es sich vielleicht ungewohnt an, aber mit der Zeit wirst du dein eigenes Gefühl dafür entwickeln, was du eigentlich sagen möchtest. Dein Kind lernt, selbst nach Lösungen zu suchen. Und was dann geschieht, hat mich selbst immer wieder überrascht:

Die Kinder kommen selbstständig mit eigenen Ideen heraus. Sie gewinnen Vertrauen in mich und in sich selbst. Sie lernen, dass Ausprobieren zum Lernen dazu gehört. Als Tagesmutter habe ich tolle Gespräche mit den Kindern geführt und durfte sehen, wie sie erlernte Verhaltensmuster in ihr eigenes, selbstständiges Handeln übernommen haben. Ja, sie haben sogar versucht Streitigkeiten zwischen anderen, jüngeren Kindern, zu schlichten; und zwar mit den Methoden, die wir gemeinsam zuvor erarbeitet hatten. Ich konnte beobachten, wie Kinder auf einmal Kompetenzen, wie Führungskraft, Durchsetzungskraft, Motivation anderer oder Organisationstalent gezeigt haben, weil sie sich innerlich sicher gefühlt haben. Durch die Technik der vollkommenen Ich-Botschaft lernten sie, sich mitzuteilen und zu fragen. Okay, nicht immer kam das gewünschte Ergebnis dabei raus, aber ihr Selbstbewusstsein und damit auch ihre Konfliktfähigkeit, wuchs mit jedem Erfolgserlebnis. Die Eltern berichteten immer häufiger davon, wie schnell ein Trotzanfall vorbeiging und wie offen das Kind für Alternativen wurde.

Und genau damit gehen wir zum nächsten Punkt über: dem Nein-Sagen. Denn es gibt immer wieder Situationen, in denen das Kind einen fixen Endpunkt ohne Diskussion akzeptieren muss. Dos and Don'ts gehören mit zur Entwicklung einer Persönlichkeit. Wenn wir in unserer Kindheit lernen, wozu sie dienen und wie wir damit umgehen, können wir später auch unsere eigenen Grenzen klar setzen und diese vor anderen rechtfertigen.

Die Kunst Nein zu sagen

Nein zu sagen, hat für die meisten Menschen einen negativen Beigeschmack. Es bedeutet Ablehnung. Das wird diesem Wort nicht gerecht.

In der Kindererziehung ist ein Nein ein Stopp-Zeichen. Du signalisierst deinem Kind damit, dass es eine Handlung unterlassen soll.

Als Mutter habe ich gelernt, dieses Wort zu hassen, es gehörte zu meinen meistgesagten Wörtern. „Nein, lass das", „Nein, tu das nicht", „Nein, fass das nicht an". Über den Tag verteilt, gab es unendlich viele Situationen, in denen ich Nein sagen musste.

Gerade, wenn Kinder beginnen zu sprechen, verwenden viele von ihnen das Wort NEIN. Es erscheint ihnen wichtig, da die Erwachsenen es den ganzen Tag benutzen. Zwar kennen sie die Bedeutung, aber wenn sie sich *groß* fühlen wollen, finden sie das Wort *cool*. Das ist übrigens völlig normal. Wir alle verwenden gerne die Worte, die unsere Vorbilder häufig benutzen. Beobachte dich einmal selbst. Stellst du manchmal fest, dass du Phrasen der Influencer benutzt, denen du gerne und aufmerksam folgst? Falls ja, dein Kind macht es genauso. In dem Alltag mit einem Kleinkind ist NEIN ein häufig verwendeter Ausdruck.

Als Tagesmutter habe ich gelernt, dieses Wort mit Bedacht zu wählen. Ja, es soll dazu dienen, ein bestimmtes Verhalten oder eine Handlung zu unterlassen. Aber wie wäre es, wenn sich das Kind von allein so verhält, wie ich es mir wünsche? Wenn ich das Wort nur noch verwende, wenn es nicht mehr anders geht? Als wirkliches Stopp-Zeichen? Das Geheimnis ist, dieses Wort mit all meiner Kommunikation - verbal und nonverbal - zum Ausdruck zu bringen.

Das Nein-Sagen setzt sich aus unterschiedlichen Handlungen zusammen:

1. Verbal: Sage deinem Kind, dass es etwas unterlassen soll oder dass etwas falsch ist. Dabei sollte dein Tonfall direkt sein, deine Stimme ruhig und tief.

2. Non-verbal: Unterstreiche deine Aussage mit Mimik und Gestik. Mache eindeutige Handbewegungen. Bleibe bei diesen Handbewegungen. Mache ein ernstes Gesicht. Es hilft, wenn du die Stirn in Falten ziehst.

3. Unterbinde die Situation: Stelle sicher, dass das Kind die Handlung unterbricht und unterlässt.

4. Konsequenz: Bleibe bei deiner Reaktion, auch wenn dein Kind alle Register zieht.

Wie du siehst, ist Nein nicht einfach nur ein Wort. Du musst es als Handlung im Ganzen sehen. Wenn du von Weitem rufst, oder es nebenbei im Gespräch mit jemand anderem sagst, wird dein Kind nicht darauf reagieren. Gerade in der Trotzphase ist es wichtig, dass du deinem Kind deine Aufmerksamkeit schenkst, wenn du etwas erreichen willst. Was willst du wirklich?

Willst du die gleichen Phrasen immer und immer wieder wiederholen müssen? Oder möchtest du dein Kind dahingehend erziehen, dass es selbstständig erkennt - je nach Entwicklungsstand und Alter natürlich -, welches Verhalten angebracht ist und welches nicht?

Mit den richtigen Signalen lernt dein Kind,

- dir in anstrengenden Situationen zu vertrauen, um so wieder sein Gleichgewicht zu finden,
- welches Verhalten grundsätzlich richtig oder falsch ist; ausgehend von den Werten, die du ihm vermittelst,
- ein gesundes Selbstbewusstsein zu entwickeln, weil es sich selbst als gut und richtig empfindet und gelernt hat, die Signale seiner Umwelt richtig zu deuten.

Möchtest du beispielsweise einem 14 Monate alten Kind beibringen, nicht in die Steckdose zu fassen, kannst du

- einerseits alle Steckdosen kindersicher machen (das sollte der Normalfall und schon längst geschehen sein),
- und andererseits deinem Kind mithilfe der oben beschriebenen Punkte das NEIN ganz deutlich machen.

1. Schenke ihm deine ganze Aufmerksamkeit und sieh deinem Kind in die Augen. Dann sagst du mit ernster und ruhiger Stimme: „Nein. Das ist eine Steckdose.". Du musst auch meinen, was du sagst. Nur so wirst du die nötige Mimik zeigen, damit dein Kind erkennt, dass du es ernst meinst.
2. Wenn dein Kind lacht, mit dir flirtet und versucht, wieder zur Steckdose zu gelangen, halte seine Hände fest. Bleibe bei deinem festen Vorsatz und wiederhole dein NEIN ruhig und betont. Notfalls setzt du dich einfach vor die Steckdose, bis dein Kind das Interesse verloren hat.

3. Wenn du dich wieder von der Steckdose entfernst, achte darauf, dass dein Kind nicht versucht, *unbemerkt* an die Steckdose zu gelangen.

4. Wiederhole den Vorgang so lange, bis dein Kind akzeptiert, dass es nicht in die Steckdose greifen darf. Du kannst dir auch gerne einen Merksatz dazu ausdenken, den du immer wieder wiederholst. Es ist wichtig, dass du konsequent bei deinem Verhalten bleibst.

In meiner Kindertagespflege hatte ich häufig solch eine ähnliche Situation, wenn ein Kind vom Stuhl auf den Tisch klettern wollte. Durch mein konsequentes, ruhiges und bestimmtes Nein-Sagen, brauchte ich schließlich nur noch ernst gucken, wenn ein Kind das Klettern begann. Ich musste nichts mehr sagen. Das Kind hat von allein von seinem Vorhaben abgelassen und sich wieder auf den Stuhl gesetzt. Und wenn ein anderes, jüngeres Kind das gleiche versuchen wollte, hat eben dieses Kind sofort aufgemerkt und unseren Nein-Spruch zitiert: „Wir klettern nicht auf den Tisch". Somit haben sich die Kinder gegenseitig erzogen, und ich hatte sogar Unterstützung beim Aufpassen.

Gib deinem Kind Zeit

Eine klare, konsequente Struktur, Kommunikation auf Augenhöhe und das klare Ziel vor Augen, dass du deinem Kind die richtigen Werte und Verhaltensregeln altersgerecht vermitteln möchtest, sind elementare Basispunkte deiner Erziehung. So kann dein Kind ein gesundes Konfliktverhalten entwickeln, und sich damit zu einem verantwortungsbewussten und empathischen Menschen entfalten. Was es jetzt noch braucht, ist Zeit.

Jeder Mensch braucht genug Zeit, um neue Informationen zu verarbeiten und das innere Gleichgewicht wieder zu erlangen. Erst recht ein Kind.

Wenn es in einem Trotzanfall feststeckt oder sich zwischen euch beiden ein Konflikt aufgetan hat, und du die Grenzen und Konsequenzen festgelegt hast, gib ihm Zeit, das zu verstehen. Ein Beispiel:

Es ist morgens, und dein Kind spielt in seinem Zimmer, während du dich für die Arbeit schick machst. Als du es zum Gehen rufst, möchte es aber sein Spiel nicht beenden. Erinnere dich: Dein Kind kennt keine Zeit. Für ihn ist das Wichtigste direkt vor seinen Augen. Es weiß nicht, dass man irgendwo pünktlich sein muss.

Wenn du eine Grenze oder einen Schlusspunkt gesetzt hast, achte darauf, dass dein Kind es auch begreifen kann. In unserem Beispiel könntest du z. B. gemeinsam mit dem Kind nach einem Schlusspunkt suchen.

Wenn dein Kind gerade mit Puppen, Stofftieren oder Autos spielt, könntet ihr vereinbaren, dass es die Puppen noch ins Bett bringt, die Autos in das Parkhaus fährt oder die Stofftiere jetzt in die Höhle müssen, bis ihr beide am Nachmittag wieder da seid. Am besten, du hilfst deinem Kind dabei, damit es sich nicht von einer neuen Idee ablenken lässt. Oder du stellst ihm eine Eieruhr hin, an der es beobachten kann, wie die Zeit vergeht.

Auf diese Weise hat es genug Zeit, um die von dir gesetzte Grenze / den Schlusspunkt, zu verstehen und durchzuführen. Du gibst ihm damit genug Freiraum und Handlungsspielraum, um sich in Ruhe von einer Situation zu trennen. Es erkennt einen Schlusspunkt. Ihr könnt daraus auch ein Ritual für die Zukunft entwickeln. Die immer gleichen Abläufe geben ihm ein eigenes Zeitgefühl. Es weiß, was als Nächstes passiert, und hat einen altersgerechten, zeitlichen Horizont.

Metamorphose in Kürze

Neben dem Wissen, wo dein Kind in seiner Entwicklung aktuell steht, und warum es gerade so reagiert (also, wenn du die Situation mit den Augen deines Kindes sehen kannst), ist es vor allem wichtig, dass du in deinem Verhalten verständlich und nachvollziehbar bist, d. h. konsequent.

Um eine Regel zu erkennen, d. h. eine sichere Abfolge von Handlungen, muss sich diese öfter wiederholen. Nur so wird dein Kind sie annehmen. Wir können hier auch davon sprechen, Strukturen zu erkennen. Eine stabile Struktur ist die Grundlage für Wachstum. Mit einer Struktur erhalten Dinge Stabilität.

Über die Fragen verinnerlicht das Kind die erlernten Regeln und Strukturen. Es begreift, warum die Dinge so funktionieren, wie du es sagst, weil es die Wiederholung erkennt.

Bezogen auf die Trotzphase eines Kindes sind Grenzen sehr wichtig. Dein Kind muss diese Grenzen erst erlernen, um sie zu akzeptieren. Es möchte seine persönliche Erwartung selbst erfüllen und gerät dabei in einen Konflikt mit dir und deinen Vorgaben. Diesen Konflikt kann es nur lösen, indem es deine Grenzen akzeptiert und sich ihnen fügt.

Grenzen sollten vor allem neutral sein. Neutral bedeutet ohne Schuldzuweisung oder Moral. Nicht das Kind ist schlecht, böse oder unzumutbar, sondern sein aktuelles Verhalten.

Halte Regeln, Strukturen und Grenzen möglichst klar und einfach, denn du wirst an ihnen gemessen!

Wenn du Anweisungen, Verbote oder Grenzen oft rückgängig machst, dich leicht erweichen lässt und nachgibst, kann es zu einer sog. Trotzfixierung bei deinem Kind kommen. Wenn ein Kind mit Trotzverhalten seine Ziele erreicht, kann sich das vom sog. angerichteten Trotzaffekt zum bewusst eingesetzten Mittel entwickeln, das dem Kind bei der Durchsetzung seiner Wünsche hilft.

Ein wütendes oder trotzendes Kind braucht eine Person, zu der es Vertrauen hat. Sie gibt ihm die Sicherheit, die es braucht, um sich wieder zu beruhigen. Daher ist es wichtig, dass du bei einem Wutanfall dieses Vertrauen vermittelst. Bleibe ruhig und verhalte dich eher passiv. Warte ab, bis der Wutanfall wieder abflacht, und schenke deinem Kind dann Geborgenheit.

Um zu erkennen, ob das, was es verstanden hat, auch richtig ist, beobachtet dein Kind deine Mimik und Gestik. Wenn du ihm sagst: „Ich liebe dich", aber deine Mimik nicht zu den Worten passt, kann dein Kind nicht verstehen, was du meinst. Es versucht, die Worte zu begreifen, ist aber verwirrt von dem, was es beobachtet. Sei ehrlich zu deinem Kind, es erkennt eine Lüge an deiner Nasenspitze.

Du kannst mit deiner Stimme die Aufmerksamkeit eines Kindes auf dich ziehen. Du kannst eine Aussage mithilfe deiner Stimme untermauern und du kannst die Stimmung im Raum mit deiner Stimme lenken.

Je deutlicher ich mich ausdrücke, umso leichter fällt es dem Kind, meine Worte zu verstehen. Wenn es dann noch lernt, dass ich immer das meine, was ich sage, ist es ganz einfach für das Kind, mir zu vertrauen. Und je besser mir das Kind vertraut, umso mehr Freiheiten kann ich ihm zugestehen. Das ist ein gegenseitiges Geben und Nehmen.

Versetze dich in die Lage deines Kindes. Wie sieht die Situation aus seiner Sicht aus? Wenn du es mit seinen Augen betrachtest, welche Gefühle und Gedanken kannst du bei dir wahrnehmen? Zeige ihm, dass du es verstehen kannst; genau das bedeutet es, Gefühle zu spiegeln.

Wenn ein Kind trotzt und seine Wünsche im Gegensatz zu dem stehen, was du sagst, sucht es selbst nach einem Ausweg, um wieder in die innere Balance zu kommen. Nur kann es den gerade nicht sehen. Es braucht dich als Führungsperson, die ihm zeigt und erklärt, wie man einen Konflikt auflösen kann. Als Wesen mit einem eigenen Ich-Bewusstsein, möchte es auch von dir verstanden werden. Manchmal ist es notwendig, dass du deinem Kind sagst, wie du seine Gefühle ausdrücken würdest.

In der Gewaltfreien Kommunikation (GfK) unterscheidet Rosenberg zwischen der Wolf- und der Giraffensprache. Der Wolf versucht vor allem seinen Gesprächspartner zu attackieren. Die Giraffe beschreibt vornehmlich ihre Gefühle und Wünsche. Somit gibt sie ihrem Gesprächspartner die Möglichkeit zuzuhören, anstatt sich zu verteidigen.

Wenn du dir angewöhnst, gerade in schwierigen Situationen mit deinem Kind in Ich-Botschaften zu reden, zeigst du ihm, wie es über seine Gefühle reden kann und wie es damit Lösungswege erkennt.
4 Schritte der vollständigen Ich-Botschaft:

Schritt	Beispiel
5. Beschreibe die Situation.	*Du möchtest den Einkaufswagen allein schieben, obwohl du das noch nicht so gut kannst, und ich darf dir nicht dabei helfen.*
6. Beschreibe deine Gefühle, die du dabei empfindest.	*Ich bin nervös und genervt, weil ...*
7. Welche Auswirkungen hat diese Situation?	*... wir anderen Menschen damit weh tun könnten, wenn wir ihnen in die Hacken fahren. Und wir brauchen viel länger für den Einkauf.*
8. Formuliere deine Bitte / Wunsch.	*Bitte lass uns den Einkaufswagen gemeinsam schieben.*

Nein ist nicht einfach nur ein Wort, sondern eine Handlung. Das Nein-Sagen setzt sich aus unterschiedlichen Handlungen zusammen:

5. Verbal: Sage deinem Kind, dass es etwas unterlassen soll oder dass etwas falsch ist. Dabei sollte dein Tonfall direkt sein, deine Stimme ruhig und tief.

6. Non-verbal: Unterstreiche deine Aussage mit Mimik und Gestik. Mache eindeutige Handbewegungen. Bleibe bei diesen Handbewegungen. Mache ein ernstes Gesicht. Es hilft, wenn du die Stirn in Falten ziehst.

7. Unterbinde die Situation: Stelle sicher, dass das Kind die Handlung unterbricht und unterlässt.

8. Konsequenz: Bleibe bei deiner Reaktion, auch wenn dein Kind alle Register zieht.

Wenn es in einem Trotzanfall feststeckt oder sich zwischen euch beiden ein Konflikt aufgetan hat, und du die Grenzen und Konsequenzen festgelegt hast, gib ihm Zeit, das zu verstehen. Wenn du eine Grenze oder einen Schlusspunkt gesetzt hast, achte darauf, dass dein Kind es auch begreifen kann.

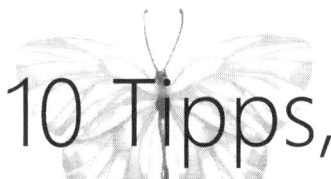

10 Tipps,
um die Trotzphase gemeinsam als Wachstumsphase zu empfinden

Wie du gelesen hast, ist die Trotzphase eine wichtige Wachstumsphase für dein Kind. Es macht Riesenschritte auf seinem Weg zu einem selbstbewussten, empathischen Menschen mit eigener Sozialkompetenz. Das ist der erste, für uns Erwachsene erkennbare Meilenstein für eine gute Eltern-Kind-Beziehung. Hier meine Tipps, worauf du achten solltest:

1. *Entscheide dich schnell,*
   ob ein Verhalten angebracht ist, oder nicht.

2. *Spiegel die Gefühle deines Kindes,*
   um ihm zu zeigen, dass du sein Verhalten nachvollziehen
   kannst.

3. *Schaffe klare Strukturen, Regeln und Grenzen.*
   Dein Kind muss einen roten Faden in deinem Verhalten erkennen können. Stimme dich dazu auch mit deinem Partner bzw. mit anderen Personen, die in deine Erziehung einbezogen sind, ab. Es ist wichtig, dass ihr eine gemeinsame Linie verfolgt und ähnliche Prioritäten setzt.

4. *Bleibe konsequent.*
   Wenn du eine Grenze oder eine Konsequenz gezogen hast,

bleibe bei deiner Aussage. Diese sollte möglichst einfach sein, sodass dein Kind sie versteht, und du den Überblick behältst. Mache keine Wenn-Dann-Aussagen, wie „Wenn du lieb bist, bis wir fertig sind und dann noch genug Zeit ist, dann darfst du das". Diese Aussage verwirrt nur und lässt zu viele Interpretationen zu.

5. *Halte die Emotionen deines Kindes aus.*
   Lass zu, dass dein Kind seine Wut / Frust oder Enttäuschung rauslässt. Sei ihm eine starke Schulter zum Ausweinen, und warte geduldig, bis der Anfall vorbei ist.

6. *Schenke deinem Kind die Aufmerksamkeit, die es gerade braucht.*
   Nimm dir bewusst Zeit dafür. Zur Not musst du eben andere Termine verschieben und um Verständnis bitten.

7. *Gib deinem Kind Zeit, sich auf eine Aktion vorzubereiten.*
   Wenn ihr in ein paar Minuten gehen müsst, sage deinem Kind rechtzeitig Bescheid. Hilf ihm, ein Gefühl für Zeit zu entwickeln, indem du es beim Aufräumen begleitest oder eine Eieruhr auf den Tisch stellst, an dem es die Zeit beobachten kann.

8. *Unterstütze die Selbstständigkeit deines Kindes, wann immer es möglich ist.*
   Lass es seine eigenen Erfahrungen machen. Übertrage ihm Aufgaben, wenn es Interesse zeigt. Z. B. kann dein Kind im Haushalt mithelfen, sich selbst aus- oder anziehen und gewisse Rituale übernehmen (wie z. B. das Licht zu löschen, bevor ihr das Haus verlasst).

9. *Sprecht nach einem Trotzanfall über das Geschehene.*
   Beachte die Schritte der vollkommenen Ich-Botschaft. Tauscht euch über eure Gefühle aus und sucht gemeinsam nach einer Lösung für das nächste Mal.

10. *Lass es gut sein.*
    Wenn eine Situation überstanden ist, und ihr darüber diskutiert habt, dann gehört diese in die Vergangenheit. Es ist wichtig, dass ihr zu einem positiven Abschluss kommt. Dein Kind soll sich nicht schlecht / böse fühlen. Eine Situation ist zum Lernen und Weiterentwickeln da. Sie entsteht aufgrund mehrerer Faktoren, die zusammenkommen und ist keine generelle Aussage über den Charakter deines Kindes.

Mit dieser Checkliste bist du bereit, eure eigene Eltern-Kind-Beziehung zu vertiefen, zu stabilisieren und auszubauen. Du bist bereit für eure Challenge.

Jetzt kommst Du!

Ein Kind in der Trotzphase hat immer sensible Momente oder Zeiten, in denen es emotional unausgeglichen ist. Der eine hat Schwierigkeiten am Morgen, der andere reagiert sensibel auf unverhoffte Situationen und ein drittes Kind ist mit der Spielsituation schnell überfordert.

Wie du hier gelesen hast, kannst du einen großen Einfluss darauf nehmen, welche Erfahrungen dein Kind in diesen Situationen macht und was es daraus lernt. Du kannst diese Situationen als Chance betrachten, eure Beziehung zu vertiefen und noch mehr Vertrauen zueinander aufzubauen.

Ich möchte dich einladen, deinen Weg zur Mutter oder zum Vater deiner Träume gemeinsam mit diesem Buch zu gehen. Informationen sind gut und wichtig. Sie geben dir eine Erklärung für das Verhalten, das dich bis jetzt verunsichert hat, und Anregungen, wie du in Zukunft darauf reagieren kannst. Aber kein Buch der Welt kann dir abnehmen, diese Veränderungen durchzuführen. Das musst du selbst tun.

Mach deine Erfahrungen und probiere etwas aus. Die folgende Challenge, die ich dir hier anbiete, kann dich dabei begleiten und dir als Leitfaden dienen. Beobachte dich selbst und dein Kind und finde heraus, wie du eure Eltern-Kind-Beziehung jetzt und in Zukunft gestalten willst.

Solltest du ins Stocken geraten oder verunsichert sein, kannst du auch ein Telefongespräch mit mir vereinbaren. Hier ist der Link, mit dem du dir einen passenden Termin aussuchen kannst: https://www.sabine-lu-eders.de/kontakt/. In einem persönlichen Gespräch können wir gemeinsam deine Situation besprechen und nach Lösungen suchen.

30 Tage Challenge

Diese Challenge soll dich dabei begleiten, eure Situation zu harmonisieren und dir ein neues Verständnis von der Entwicklung deines Kindes geben. Gemeinsam könnt ihr die Trotzphase als Wachstumsphase erfahren und sie für euch nutzen.

Ich rate dir, diese Herausforderung schriftlich festzuhalten, auch wenn es dir anfangs komisch vorkommt. Es hilft enorm, seine Gedanken aufzuschreiben. Gedanken sind schneller als das Licht und wir haben jeden Tag unendlich viele Gedanken. Wenn du sie dir notierst, bist du gezwungen, sie langsam und strukturiert zu betrachten. So bekommst du einen Überblick, kannst diesen regelmäßig mit der Ist-Situation vergleichen, und ggf. korrigieren. Du kannst dir überlegen, was zu tun ist, um diese Wunschvorstellung zu verwirklichen.

Zu diesem Zweck habe ich ein Workbook für dich gestaltet. Du kannst darin deine Fortschritte dokumentieren und deine Ziele immer wieder überprüfen und ggf. korrigieren. Du erhältst es ebenfalls bei Amazon.

Ziele definieren

Albert Einstein hat einmal gesagt: "Man kann ein Problem nicht von dem Standpunkt aus lösen, an dem es besteht." D. h., dass du immer wieder die gleichen Situationen erleben wirst, wenn du darüber nachdenkst, WAS dich stört. Du wirst die Lösung erkennen, wenn du dir vorstellst, WIE euer Familienleben / Alltag AUSSEHEN SOLLTE. Dann werden dir ganz selbstverständlich die Dinge auffallen, die euch davon abhalten, das Leben zu führen, das du dir wünschst. Du wirst dich von ganz allein zu dem Elternteil entwickeln, der du sein möchtest, wenn du dir vorstellst, wie dieser Elternteil ist, was er tut und wie er sich fühlt.

- Setze dich für 15-30 Minuten an einen ruhigen Ort, wo du normalerweise nicht gestört wirst. Stell dir dazu einen Timer ein, damit du nicht ständig auf die Uhr schaust.

- Nimm dir einen Zettel und Stift und schreibe oder male deine Wunschsituation auf. Träume einfach vor dich hin. Es gibt kein richtig oder falsch. Es geht darum, dir vorzustellen, wie die Beziehung zu deinem Kind aussehen soll.

- Frag dich: „Was möchte ich?" Oder sage: „Ich wünsche mir:"
  Dabei kannst du dich auf die Situation konzentrieren, die dich am meisten stört / in der dein Kind häufig wütend oder aggressiv ist. Stell dir diese Situation vor und male dir in Gedanken aus, wie schön es ist, wenn sie sich

ganz einfach auflöst. Wenn dein Kind glück-
lich, neugierig, kooperativ oder einfach nur
normal ist.

Dann frage dich, wie du dich dabei fühlst.
Stell dir vor, wie stolz du bist, wenn dein Kind
selbstständig erkennt, dass diese Situation eigentlich ganz einfach zu lösen ist. Du fühlst die
Liebe, die du für dein Kind empfindest, und
fühlst, wie dein Herz dabei vor Glück über-
läuft.

Betrachte die Situation mit Liebe und Freude.
Liebe und Freude sind unsere Ur-Eigenschaf-
ten. Ein Kind besteht nur aus Liebe und Freude.
- Ok, es kann das manchmal gut überspielen,
das gebe ich zu. Wenn du dir vorstellst, diese
Liebe, die du in deinem Herzen für dein Kind
empfindest über seinen Kopf auszuschütten
wie einen Eimer Wasser, wird sich diese Liebe
auch in deinem Verhalten widerspiegeln.

Ziele erreichen

Jetzt geht es an die Umsetzung!

Wie du in diesem Buch erfahren hast, kannst du mit dem richtigen Wissen über den Grund eines Wutanfalls, der richtigen Reaktion darauf und einer einfühlsamen Kommunikation wirkungsvoll auf Wutanfälle reagieren und dein Kind führen. Der Grund, warum du das in der Vergangenheit nicht getan hast, liegt in der Konditionierung deiner eigenen Kindheit, deinem persönlichen Empfinden und der Art deiner normalen Reaktion in Stresssituationen. Diese Zeiten kannst du jetzt hinter dir lassen.

Im ersten Schritt hast du deine Wunschsituation beschrieben. In einem zweiten Schritt kannst du dir nun überlegen, was du in Zukunft tun wirst, um diese auch zu erreichen. Was hat dich bisher davon abgehalten, erfolgreich eine Situation zu entschärfen? Was wirst du in Zukunft beachten?

Es ist wichtig, dass du dir überlegst, wie DU in Stresssituationen reagierst. Was sind deine Schwächen? Woran möchtest du arbeiten?

Wenn du in der Vergangenheit Schwierigkeiten hattest, konsequent zu bleiben, überlege dir, wie du Konsequenzen einfacher formulieren kannst, damit du sie besser einhältst.

Sind deine Anweisungen, Ge- und Verbote zu wortreich? Anfangs wollte ich meine Kinder davon überzeugen, dass etwas schlecht für sie ist oder dass etwas getan werden muss. Also habe ich eine ausgeklügelte Argumentationskette ausgearbeitet. Diese musste ich dann natürlich erläutern. Ein 30 Monate altes Kind kann das noch nicht verstehen. Ich musste zu Beginn also vor allem an mir arbeiten.

Dir fällt es schwer, Geduld zu bewahren? Dann übe die Giraffensprache und zeige deinem Kind, wann du etwas Abstand brauchst.

Ein großes Thema ist häufig, dass mehrere Erwachsene gleichzeitig versuchen, die Situation zu beruhigen. Bspw. spielt sich in einem Streit die Oma gerne als Anwalt des Kindes auf, und erlaubt ihm Dinge, die du vorher verboten hast. Oder dein Partner hat eine andere Sichtweise als du. Kläre diese Dinge in einem Gespräch unter vier Augen, damit ihr gemeinsam eine erkennbare Linie in die Erziehung bringt. Das vermittelt eurem Kind mehr Sicherheit. Dabei kann sich auch herauskristallisieren, dass einer von euch in einer Situation gelassener reagiert als der andere und somit Aufgaben anders verteilt werden können. Jeder besitzt seine eigenen Talente.

Überlege dir, was du in Zukunft anders machen möchtest. Aber sei nicht zu ehrgeizig. Suche dir EIN Thema aus und mache deine Erfahrungen. Diese Erfahrungen hältst du in deinem Workbook fest.

Notiere dir täglich, welche Situation wie entstanden ist, und wie du darauf reagiert hast. Wie hat sich die Situation aufgelöst? Was kannst du daraus lernen? Worauf kannst du beim nächsten Mal aufmerksamer achten? Beschreibe auch deine Gefühle, die du in der Situation hattest. Sie zeigen dir, ob du auf dem richtigen Weg bist oder zu viel mit dem Verstand arbeitest.

Jede Woche, ziehst du dich an einem bestimmten Tag für 15-30 Minuten zurück, visualisierst deine Wünsche und woran du die kommende Woche gerne arbeiten möchtest. So kannst du buchstäblich beobachten, wie du mehr und mehr eure Eltern-Kind-Beziehung positiv beeinflusst und aktiv gestaltest. Du hast es schwarz auf weiß.

Die Macht der Gefühle

Deine Gefühle spielen bei dieser Challenge eine große Rolle. Um die Welt mit den Augen deines Kindes zu sehen, kannst du dich auf dein Gefühl verlassen.

Unsere Gesellschaft ist vom Verstand-dominiert. Alles sollte seine Ordnung und seinen Grund haben. Das ist sehr hilfreich, wenn es um die Reihenfolge von Abläufen geht; aber nicht, wenn du neue Erfahrungen mit deinem Kind machen möchtest.

Kinder sind gefühlsbetont. Sie entscheiden aus ihrem Bauch oder Herzen heraus, ob etwas passt oder nicht. Auch du entscheidest dich zuerst emotional, bevor du eine argumentative Entscheidung triffst. Um eine gewohnte Handlung zu verändern oder eine Situation zu steuern, frage dich, wie sich das für dich anfühlt.

Dein Kind erwartet von dir ein authentisches Verhalten. Nur, wenn du ehrlich bist und deine Gefühle anerkennst, kannst du eure Beziehung intensivieren. Frage dich immer, wenn du über deine Wünsche, Ziele und Reaktionen nachdenkst, wie sich das für dich anfühlt. Dann wirst du automatisch den richtigen Weg finden.

Denk immer daran: Die Elternschaft ist die einzige Lebenssituation, in der wir nicht scheitern können. Dein Kind gehört für den Rest deines Lebens zu dir. Du kannst also nicht aufgeben; somit auch nicht scheitern.

Wenn Du nicht weiterkommst

Manchmal sieht man allerdings den Wald vor lauter Bäumen nicht. Du bist so sehr mit dem Thema beschäftigt, dass du in Details festhängst und den Überblick verlierst.

Gerade in Zeiten von Corona, in denen wir häufig isoliert sind und es nicht einfach ist, sich professionellen Rat zu holen, fühlen sich viele Eltern allein und überfordert.

Wenn es dir auch so geht, dann komm auf meine Website und vereinbare ein Telefongespräch mit mir (www.sabine-lueders.de/kontakt/).

Mit meiner achtjährigen Erfahrung als Tagesmutter kann ich dir viele nützliche Denkanstöße geben und dir helfen, herauszufinden, worauf du dich konzentrieren solltest, um die Mutter / der Vater zu sein, die / der du sein möchtest.

Gib deinem Kind die Führung, die es braucht, und genieße euer Familienleben.

Danksagung

Ich danke allen Tageskindern, die ich zwischen 2012 und 2020 betreuen und begleiten durfte. Ihr habt mir gezeigt, wie Kinder denken und fühlen, und was sie brauchen, um sich fröhlich entfalten zu können.

Nur durch euch konnte ich dieses Buch schreiben. Denn ihr gabt mir jeden Tag so viel Liebe und Freude, und habt mich geduldig durch alle Höhen und Tiefen in unserem gemeinsamen Alltag geleitet. Ich hatte so viel Spaß mit euch, und ich durfte beobachten, wie ihr euch vom Baby zum Seeräuber, Meerschweinchen, Maus, Prinzessin oder Prinzen, zum Otter, Löwen, Äffchen oder Rocker entwickelt habt.

Vielen Dank

Über den Autor

 Sabine Lüders, geboren 1970, lebt und arbeitet mit ihren zwei Kindern in Bielefeld.

Nachdem sie 1999 ein Betriebswirtschaftsstudium an der FH Bielefeld erfolgreich abgeschlossen hatte, sammelte sie zunächst Erfahrungen im Finanzsektor bei Anlageberatern und Onlinebanken in Berlin. Zwischen 2001 und 2002 lebte die Autorin für längere Zeit in Lateinamerika und den USA, bevor sie nach Hause zurückkehrte, und sich zum SAP-Consultant ausbilden ließ. Sie erzählt über sich selbst:

Die Arbeit als Unternehmensberaterin war sehr interessant und abwechslungsreich, aber auch mit vielen Reisen verbunden. Daher habe ich mich, nach der Geburt meines zweiten Kindes entschlossen, mich beruflich neu zu orientieren:

Im Jahre 2012 gründete ich die Kindertagespflege Bim Bam Boo in Bielefeld. Hier betreute ich bis 2020 täglich 5 Kinder im Alter zwischen 1 und 3 Jahren. Ich habe in dieser Zeit über 50 Kinder eingewöhnt, gefördert und gepflegt.

Bei meiner Arbeit war es wichtig, sowohl die Bedürfnisse des einzelnen Kindes als auch die Bedürfnisse der ganzen Gruppe im Auge zu behalten. Jedes Kind musste sich bei mir vollkommen wohlfühlen, um sich gesund entwickeln zu können.

Besuche meine **Website**: www.sabine-lueders.de
Folge mir auf **Facebook**: www.facebook.com/Sabine-L%C3%BCders-
Eltern-Kinder-Coach-100604371770673
Folge mir auf **Instagram**: www.instagram.com/elternkindercoach/

Deine Meinung ist mir wichtig

Für mich ist es sehr wichtig, Feedback zu meinem Buch zu bekommen. Wenn du Anregungen oder Verbesserungsvorschläge hast, so schreib mir doch bitte eine Mail an: kontakt@sabine-lueders.de

Ich freue mich sehr über konstruktive Kritik. Da es mich viel Zeit und Energie gekostet hat, dieses Buch zu erstellen, wäre ich dir sehr dankbar, wenn du mir deine Anmerkungen und Verbesserungsvorschläge persönlich zukommen lässt. Denn dann kann ich mein Buch für zukünftige Leser verbessern.

Über eine (positive) Rückmeldung in Form einer Rezension auf Amazon würde ich mich ebenfalls sehr freuen. Diese kannst du ganz einfach erstellen: Rufe auf Amazon.de die Produktseite dieses Buches auf. Klicke unter dem Punkt *Kundenrezensionen* auf „*Kundenrezension verfassen*", bewerte das Buch mit der Anzahl der Sterne und schreibe deine Meinung. Alternativ kannst du auch diesen Link benutzen. Er führt dich direkt auf die Seite. Der Link ist verschlüsselt und sicher: https://amzn.to/2Ngyll7

Haftungsausschluss

Der Autor übernimmt keinerlei Gewähr für die Aktualität, Korrektheit, Vollständigkeit oder Qualität der bereitgestellten Informationen und weiteren Informationen. Haftungsansprüche gegen den Autor, welche sich auf Schäden materieller oder ideeller Art beziehen, die durch die Nutzung oder Nichtnutzung der dargebotenen Informationen bzw. durch die Nutzung fehlerhafter und unvollständiger Informationen verursacht wurden, sind grundsätzlich ausgeschlossen, sofern seitens des Autors kein nachweislich vorsätzliches oder grob fahrlässiges Verschulden vorliegt. Alle Angaben wurden vom Autor mit größter Sorgfalt und nach bestem Wissen und Gewissen recherchiert oder spiegeln seine eigene Meinung wider. Der Inhalt des Buches passt möglicherweise nicht zu jedem Leser und die Umsetzung erfolgt ausdrücklich auf eigenes Risiko. Es gibt keine Garantie dafür, dass alles genau so, bei jedem Leser, zu genau den gleichen Ergebnissen führt. Der Autor und/oder Herausgeber kann für etwaige Schäden jedweder Art aus keinem Rechtsgrund eine Haftung übernehmen.

Urheberrecht

Alle Inhalte dieses Werkes sowie Informationen, Strategien und Tipps sind urheberrechtlich geschützt. Alle Rechte sind vorbehalten. Jeglicher Nachdruck oder jegliche Reproduktion – auch nur auszugsweise – in irgendeiner Form wie Fotokopie oder ähnlichen Verfahren, Einspeicherung, Verarbeitung, Vervielfältigung und Verbreitung mithilfe von elektronischen Systemen jeglicher Art (gesamt oder nur auszugsweise) ist ohne ausdrückliche schriftliche Genehmigung des Autors strengstens untersagt. Alle Übersetzungsrechte vorbehalten. Die Inhalte dürfen keinesfalls veröffentlicht werden. Bei Missachtung behält sich der Autor rechtliche Schritte vor.

Impressum

Autor: Sabine Lüders
Auflage 2021

Kontakt:

Sabine Lüders
Eduard-Windthorst-Str. 12a
33604 Bielefeld
kontakt@sabine-lueders.de

Covergestaltung: Wolkenart Design, Marie-Katharina Becker, Borken

Quellen

Adler, A. (1978). *Menschenkenntnis.* Frankfurt: Fischer.

Aufklärung, B. f. (2011). *Gesundheitsfördernde Elternkompetenzen für das frühe Kindesalter.* Berlin: Bundeszentrale für gesundheitliche Aufklärung.

Aufklärung, B. f. (2011). *Gesundheitsfördernde Elternkompetenzen für das frühe Kindesalter.* Berlin: Bundeszentrale für gesundheitliche Aufklärung.

Bandura, A. (1971). *Psychological Modeling.* Chicago: Aldine & Atherton Inc.

Bensel:, H.-S. /. (2012). *Grundlagen der Entwicklungspsychologie. Die ersten 10 Lebensjahre.* Freiburg.

Berger, R. A. (September 2003). Linking Birth Order to Political Leadership: The Impact of Parents or Sibling Interaction? *Political Psychology 24*, S. 605-623.

Cierpka, C. &. (2012). *Entwicklungsgerechtes Trotzden, persistierendes Trotzen und aggressives Verhalten.* Freiburg.

Kiel-Hinrichsen, M. (2001). *Warum Kinder trotzen.* Berlin.

Kollmann, B. /. (2011). *Frühpädagogik - arbeiten mit Kindern von 0-3 Jahren.* Köln.

Long, M. S. (1998). *Handbook of Parenting.* London: Sage Publications UK.

Lüders, S. (2020). *So schlafen Babys entspannt ein und durch. Die besten Einschlaftipps einer Tagesmutter.*

Printed in Poland
by Amazon Fulfillment
Poland Sp. z o.o., Wrocław

73563068R00103